Inhalt

2 In der Schule

2 Kinder haben Rechte

4 Im Herbst

4 Tiere des Waldes hinterlassen Spuren und Zeichen

6 Der Wald als Lebensraum

8 Wälder sind wertvoll

10 Miteinander leben

10 Gutes Zusammenleben

12 Werbung überall

14 Im Winter

14 Erfindungen, die vom Wetter unabhängiger machen

16 Das tut mir gut

16 Ich fühle mich gesund – komm, mach mit

18 Wir verändern uns

20 Kreuz und quer durch unser Land

20 Mecklenburg-Vorpommern in Deutschland

22 Übersichtskarte des Landes

24 Auf der Karte entdeckt

26 Umrisskarte des Landes Mecklenburg-Vorpommern

28 Reise durch das Land

30 Was ich über Mecklenburg-Vorpommern weiß

32 Vorbereitung auf die Fahrradprüfung

34 Früher und heute

34 Das Leben auf dem Lande früher und heute

36 Alles braucht seine Zeit – ein Würfelspiel

38 Frühling am Gewässer

38 Sie leben am und im Gewässer

40 Die Stockente

42 Angepasst – Pflanzen im Wasser

44 Der Natur auf der Spur

44 Geräusche hören

46 Optische Täuschungen

48 Im Sommer

48 Trinkwasser für unsere Häuser

50 Das Hausschwein ist ein Nutztier

52 Medien nutzen

52 Mit Medien umgehen

54 Bist du fit für Klasse 5?

55 Zum Ausschneiden

56 Übersicht zur Lehrplanpassung

Kinder haben Rechte

1 Kinder brauchen besonderen Schutz. Deshalb gibt es Kinderrechte.
Wähle eines der Kinderrechte aus.
Schreibe auf, was dir aus deinem Alltag dazu einfällt.

Kinder haben Rechte auf ...

Familie und elterliche Fürsorge.

Spiel und Freizeit.

Gleichbehandlung.

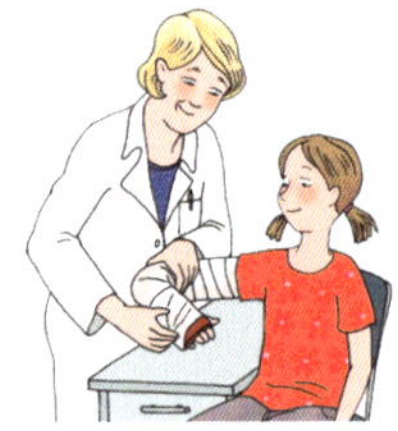

Schutz der Gesundheit.

ein sicheres Zuhause.

Bildung.

freie Meinungsäußerung.

2 Notiere: Warum ist Lernen für dich wichtig?

Ausgewählte Kinderrechte und ihre Wirkungsweise wahrnehmen und beschreiben;
Freizeit und Spiel als ein Recht der Kinder vertiefen

3 Schreibe Beispiele auf, wie dieses Recht in deiner Klasse, Schule oder deiner Familie verwirklicht wird.

4 Beschreibe die Fotos. Bringe sie in Verbindung mit Kinderrechten.

Beispiele für freie Meinungsäußerung in der Klasse, in der Schule und im Elternhaus notieren;
Kinderrechtsverletzungen erkennen und beurteilen

Tiere des Waldes hinterlassen Spuren und Zeichen

1 Setze die Nummern an die Tiernamen.

- Waldeidechse
- Buntspecht
- Eichhörnchen
- Schnirkelschnecke
- Waldkauz
- Eichelhäher
- Waldameise
- Tagpfauenauge
- Springschwanz
- Rötelmaus
- Blindschleiche
- Wildschwein
- Rotfuchs
- Kreuzspinne
- Reh

2 Welche dieser Tiere können fliegen? Unterstreiche ihre Namen.

S. 2/3

3 Beschreibe die Bilder.
Ergänze Wörter aus der Jägersprache.

Aus der Jägersprache

Fraßspur:
Futterrest, von einem Tier angefressenes Futter

Gewölle:
von Vögeln ausgewürgte unverdauliche Nahrungsreste

Losung:
Kot von Wildtieren

Fußabdrücke im Boden oder im Schnee:

Spur:
Fußabdrücke aller Wildtiere mit Haaren (Säugetiere)

Fährte:
paarige Abdrücke der Klauen nur von Hirsch, Reh und Wildschwein

Geläuf:
Fußabdrücke von Vögeln

Diese ______________ hinterließ ein Eichhörnchen.

Mit ihrer ______________ markieren Füchse ihr Revier.

Hier ist das ______________ einer Amsel zu sehen.

Diese ______________ zeigt: Ein Rothirsch ist geflüchtet.

Diese ______________ hinterließ ein hoppelnder Hase.

Das ______________ hat eine Schleiereule ausgewürgt.

4 Gestaltet in der Gruppe ein Plakat zu dem Thema „Welches Tier war hier?“.

Der Wald als Lebensraum

1 Im Wald finden viele Tiere Unterschlupf, Wohnung und Nahrung.
Lies die Tiernamen. Setze die passenden Nummern an die Bilder.

Einige Tiere ernähren sich hauptsächlich von Pflanzen:

1 Reh
2 Wildkaninchen
3 Rötelmaus
4 Buchfink
5 Insekten

Einige Tiere fressen hauptsächlich Fleisch:

6 Rotfuchs
7 Baummarder
8 Waldkauz
9 Neuntöter
10 Kreuzspinne
11 Erdkröte

Wer frisst wen? Zeichne Pfeile in das Schaubild ein.

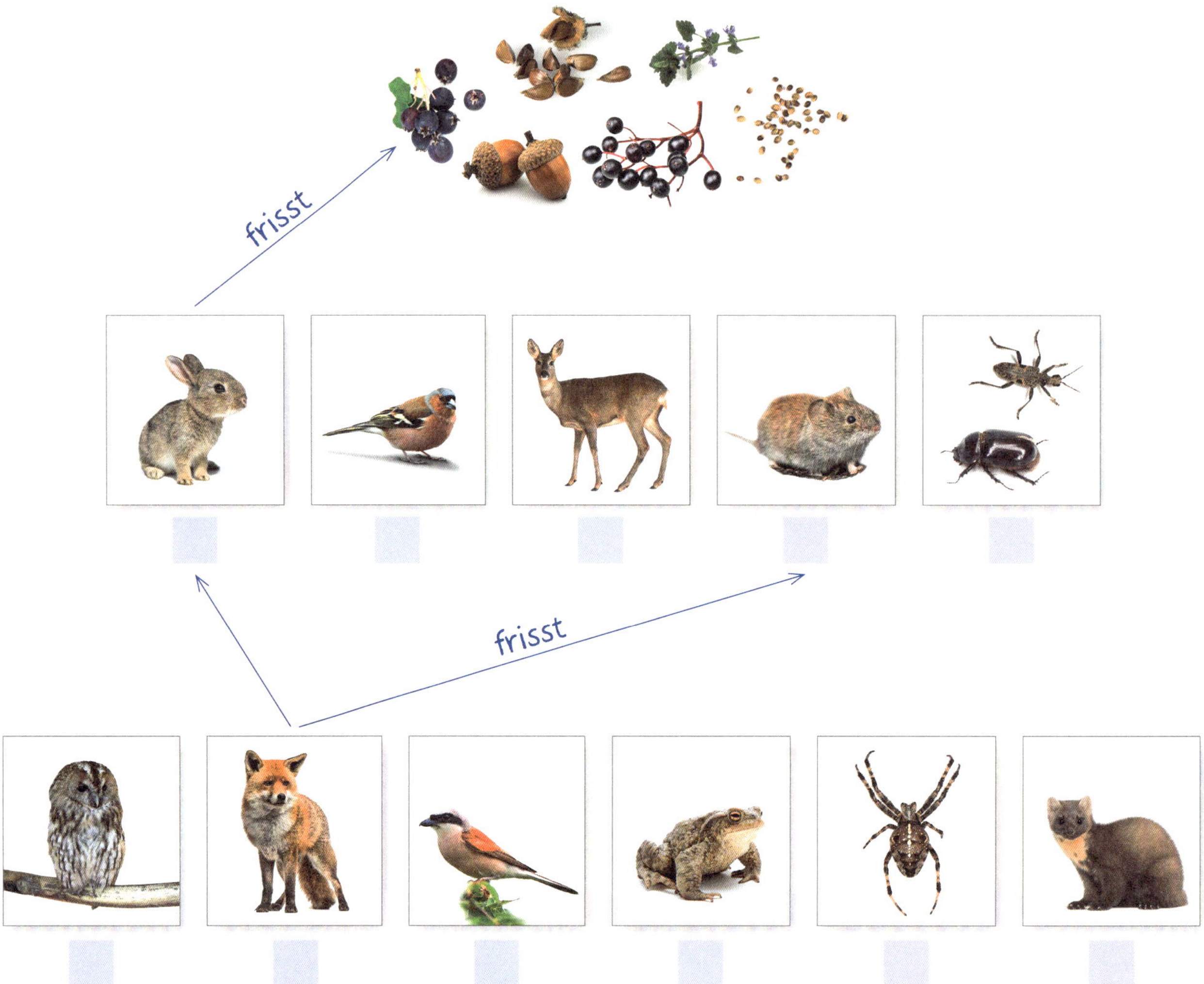

Wald als Lebensgemeinschaft kennen lernen; ein Nahrungsnetz (Pflanzen, Pflanzenfresser und Fleischfresser als Teile des Nahrungsnetzes) erschließen

2 Das brauchen alle Waldpflanzen zum Leben.
Beschrifte das Schaubild. Jeder Baum braucht:

3 Kreuze die richtigen Antworten an:

- [ ] Die häufigsten Baumarten in Mecklenburg-Vorpommerns Wäldern sind Kiefern und Fichten.
- [ ] Waldmeister ist ein Moos.
- [ ] Wälder speichern Wasser.
- [ ] Das Reh ist ein Pflanzenfresser.
- [ ] Im Wald darf man überall grillen und ein Lagerfeuer entzünden.

4 Male zu diesen Versen des Dichters Theodor Fontane ein Bild.

Mittag

Am Waldessaume träumt die Föhre,
am Himmel weiße Wölkchen nur;
es ist so still, dass ich sie höre,
Die tiefe Stille der Natur.

Rings Sonnenschein auf Wies‘ und Wegen,
die Wipfel stumm, kein Lüftchen wach,
und doch es klingt als ström‘ ein Regen
leis tönend auf das Blätterdach.

Theodor Fontane

Wälder sind wertvoll

1 Wälder sind für viele Pflanzen und Tiere Lebensraum.
Menschen nutzen und schützen diesen Lebensraum.
Schreibe zu zwei der Aussagen über Wälder Stichpunkte.

Wälder ...

1 sind Erholungsorte für Menschen.

2 liefern Rohstoffe.

3 sind Lebensräume.

4 liefern Nahrungsmittel.

5 schützen vor Lärm.

6 bieten Sichtschutz.

7 tragen zu einem guten Klima bei.

Aussage ___

___
___
___
___
___
___
___

Aussage ___

___
___
___
___
___
___
___

2 Trage deine Ergebnisse in der Gruppe vor. Diskutiert dazu.

Die Bedeutung und den Nutzen des Waldes für Pflanzen, Tiere und Menschen beschreiben; zu zwei Aussagen Stichpunkte notieren; zu den Ergebnissen in Gruppen diskutieren

3 Falsches Verhalten von Erwachsenen und Kindern im Wald schadet der Natur. Lies die Texte und klebe die passenden Bilder ein.

Musik und Lärm belästigt nicht nur die Waldbesucher, sondern auch die Tiere. So geht die Freude an den Waldgeräuschen, dem Vogelgezwitscher … verloren.

Seite 55

Beim unachtsamen Umherlaufen im Wald können Vogelnester der Bodenbrüter zerstört und Pflanzen und Pilze zertreten werden.

Herumliegender Müll verschmutzt den Waldboden und das Grundwasser. An Glasscherben, Blechbüchsen und Schnüren können sich Tiere verletzen.

Aufgestapelte Stämme, die oft an Forstwegen lagern, sind kein Spielplatz. Unter ihnen verstecken sich viele Tiere. Das Klettern auf diesen Stämmen ist verboten.

Ausgraben und Abpflücken von Pflanzen zerstört die Vielfalt der Pflanzenwelt. Manche Pflanzen sind selten und stehen sogar unter Naturschutz.

Wer in Tierbauen herumstochert, der beunruhigt die Tiere. Ameisen werden dadurch gehindert, schädliche Insekten zu fressen oder Samen zu verbreiten.

4 Schreibe Regeln für das Verhalten im Wald auf. Nutze auch das Internet.

Gutes Zusammenleben

1 Ergänze die Lückentexte. Sprecht über die Regeln.

In der Nachbarschaft

Jüngere grüßen ______________:

Guten M__________, guten T______,

guten Ab__________, gute N__________.

In der Schule

Dem Dankenden antwortet man mit:

B__________! oder B__________ sehr!

B__________ schön!

In der Schule

Wer Or______________________ hält,

findet seine Sachen leicht.

Räume jeden T______ auf.

In der Famile

Gib Bescheid, wenn es später wird.

Pü______________________ ist höflich.

Sie spart Z__________ für die Wartenden.

2 Gutes Benehmen im Zusammenleben. Schreibe eine Regel auf.

____

____

____

Regeln guten Benehmens notieren und selbstständig praktizieren lernen; Situation analysieren und auswerten

3 Es gibt für verschiedene Bereiche Regeln für das Zusammenleben.
Schreibe zu jedem der drei Bereiche zwei Regeln auf.

In der Schule

1 ______________________________

2 ______________________________

Alte und junge Menschen

1 ______________________________

2 ______________________________

In der Familie

1 ______________________________

2 ______________________________

4 Wähle eine der Regeln von Aufgabe 2 aus.
Begründe, warum dies für dich eine gute Regel ist.

Nummer ___ ist eine gute Regel, weil ______________________________

Werbung überall

1 Betrachte das Bild. Mit welchen Mitteln wird geworben?
Kreise sie ein.

2 Fülle diese Tabelle zum Bild in Aufgabe 1 aus.
Finde vier Beispiele:

Womit wird geworben?	Wofür wird geworben?

Vielfalt der Werbemittel erkennen; durch tabellarische Einordnung von Werbemitteln erkennen, womit und wofür geworben wird

3 Hast du heute schon Werbung wahrgenommen? Beantworte die Fragen:

Wo wurde geworben? ______________________________

Wie wurde geworben? ______________________________

____

Wofür wurde geworben? ______________________________

4 Im Internet gibt es viel Werbung, die an unterschiedlichen Stellen auftaucht. Ordne die Werbeformen den richtigen Erklärungen zu.

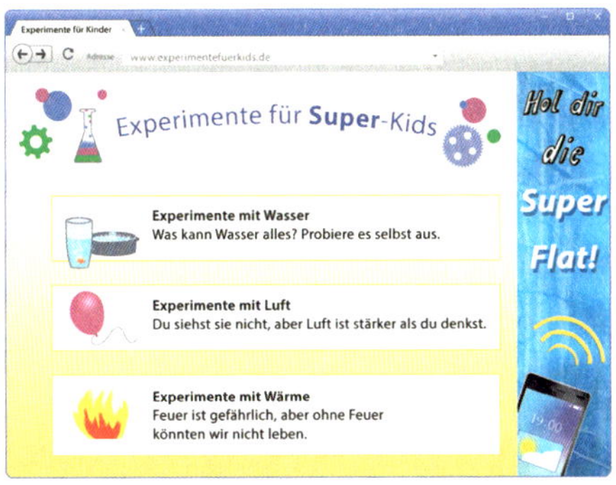

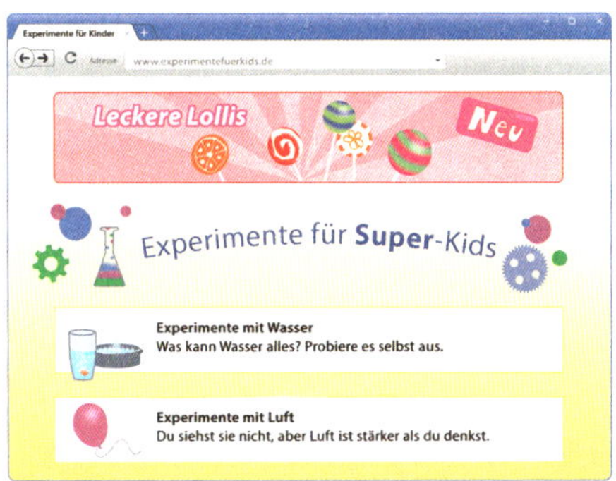

1 **Banner**
Auf einer Internetseite erscheint am oberen Rand eine blinkende Werbeleiste.

2 **Skyscraper**
Auf der Internetseite taucht am Seitenrand ein Kasten mit Werbung auf. Er hat die Form eines Hochhauses.

3 **Pop-up**
Während der Arbeit auf einer Seite oder beim Spielen fliegt zum Beispiel ein Herz mit Werbung in das Bild.

4 **Layer**
Während des Lesens auf einer Seite erscheint eine Werbung. Sie verdeckt die gesamte Seite unter sich.

S. 4/5

Erfindungen, die vom Wetter unabhängiger machen

1 Erkunde, wie die Geräte funktionieren.
Beschreibe ihre Wirkung.

Gerät	Wirkung

Wirkung von Geräten erkunden und beschreiben,
die die Menschen unabhängiger vom Wetter machen

2 Diese nützlichen Erfindungen machen uns vom Wetter unabhängiger.
Klebe die passenden Bilder ein und vervollständige die Texte.

Seite 55	Seite 55	Seite 55
Der Chemiker Charles Macintosh erfand einen wasserdichten Stoff, aus dem er Regenbekleidung herstellen ließ. Der ______________ wurde 1823 in Schottland erfunden.	Der zusammenfaltbare Regenschirm wurde von dem Deutschen Hans Haupt 1928 erfunden. Er nannte ihn: ______________. Man konnte ihn gut in einer Handtasche verstauen.	Im Jahr 1840 entdeckte der Amerikaner Charles Goodyear den Grundstoff für ein Schuhwerk, das wasserabweisend war. Es wurde ab dem Jahr 1853 produziert. Das Schuhwerk heißt: ______________.

3 Unabhängig vom Wetter auch im Sommer: Wie heißen die Erfindungen?
Schreibe und zeichne die Lösung auf.

Die Sonne brennt. – Ich spende Schatten. ______________	Es stürmt an der See, die Sonne brennt. Ich biete Sonnen- und Windschutz. ______________

4 Was würdest du in der Zukunft als Wetterschutz erfinden?
Schreibe und male auf ein Blatt.

Ich fühle mich gesund – komm, mach mit

1 Betrachte die Bilder.
Leite Gesundheitstipps ab. Schreibe sie unter die Bilder.

2 Ist dir das auch schon passiert? Schreibe ein Beispiel auf.
Was hättest du beachten müssen?

Maßnahmen zur gesunden Lebensweise nennen;
Regln für den verantwortungsbewussten Umgang für sich und andere übernehmen;
Comics auswerten, Gesundheitstipps ableiten

3 Gib dem Jungen gute Ratschläge, um gesund zu bleiben.
Verbinde die Kästen.

Mir tut ein Zahn weh. 

Ich bin abends immer so müde. 

Ich bin gestresst. 

Mir ist langweilig. 

Gehe früher ins Bett zum Schlafen. 

Stehe früher auf und frühstücke in Ruhe. 

Gehe so schnell wie möglich zum Zahnarzt. 

Dann triff dich doch mit Freunden. 

4 Zu den Kinderrechten gehört auch das Recht, gesund zu bleiben.
Es gibt viele Gesundheitsdienste, die dir dabei helfen.
Kreuze an, wo du schon warst. Ich war schon ...

☐ zur Untersuchung vor der Einschulung.	☐ zur Kur.	☐ bei einer Krankengymnastin.
☐ beim Kinderarzt.	☐ beim ärztlichen Notdienst.	☐ bei einer Logopädin wegen Sprachstörungen.
☐ beim Zahnarzt.	☐ im Krankenhaus.	☐ beim Augenarzt oder Augenoptiker.

Wähle ein Beispiel aus.
Schreibe auf, wie dir der Gesundheitsdienst geholfen hat.

Maßnahmen zur gesunden Lebensweise nennen, Eigenverantwortung erkennen; an Beispielen erfahren, dass sich Menschen, die Gesundheitsdienstleistungen erbringen, sich auch um die Gesundheit der Kinder kümmern; entsprechende Berufe würdigen

Wir verändern uns

1 In der Pubertät verändern sich Mädchen und Jungen körperlich.
Setze die passenden Wörter ein.

Stimme | Jungen | Penis | Mädchen

Achseln | Brüste | Haare | Samenzellen

__________ und __________ werden größer.

Unter den __________ und im Schambereich wachsen bei Jungen und Mädchen __________. Bei den Mädchen werden die __________ größer.

Sie bekommen ihre „Tage“. Bei den Jungen wird der __________ größer.

Im Hoden werden __________ gebildet.

Auch die __________ wird tiefer.

2 Betrachte die Bilder und lies die Texte. Bearbeite die Aufgabe.

Warum eigentlich so?

Mädchen und Jungen
können auch nett miteinander umgehen.
Meine Wörter und Sätze dazu:

Einen Lückentext ausfüllen und dabei die körperlichen Veränderungen in der Pubertät benennen; am Beispiel gefühlsmäßige Veränderungen wahrnehmen und zum Umgang von Mädchen und Jungen Aussagen formulieren, diese diskutieren

3 Was hat sich verändert?
Schreibe und male oder klebe Fotos ein.

Woran erinnere ich mich gerne?

Worauf bin ich stolz?

Was ist doof gelaufen?

Worüber bin ich traurig oder wütend?

Das war ich:	Das bin ich heute:

4 Was wird noch kommen?
Schreibe oder zeichne etwas zu deiner Zukunft.

Wie werde ich mal aussehen?

Worauf freue ich mich?

Wie werde ich sein?

Durch Texte, Zeichnungen oder Fotos die eigenen Veränderungen im Verlauf der Zeit (Vergangenheit – Gegenwart) darlegen; sich Gedanken über die eigene Zukunft machen

Mecklenburg-Vorpommern in Deutschland

1 Arbeite mit der Karte:

- Markiere die Grenze des Bundeslandes Mecklenburg-Vorpommern. Orientiere dich an der Legende.
- Beschrifte dein Land. Benenne angrenzende Bundesländer.
- Markiere die Staatsgrenze der Bundesrepublik Deutschland.
- Beschrifte alle Nachbarstaaten. Kennzeichne ihre Grenzen.

Orientierungsmöglichkeiten auf der Karte finden; Lage Mecklenburg-Vorpommerns in der Bundesrepublik Deutschland bestimmen; Landesgrenze, Staatsgrenzen, benachbarte Bundesländer und Staaten beschriften

S. 10/11

2 Wie heißt die Stadt, in der diese Sehenswürdigkeiten stehen?

____

Schloss

Denkmal am Markt

Pfaffenteich

Dom

3 Gestalte die Fahne und das Wappen Mecklenburg-Vorpommerns farbig.

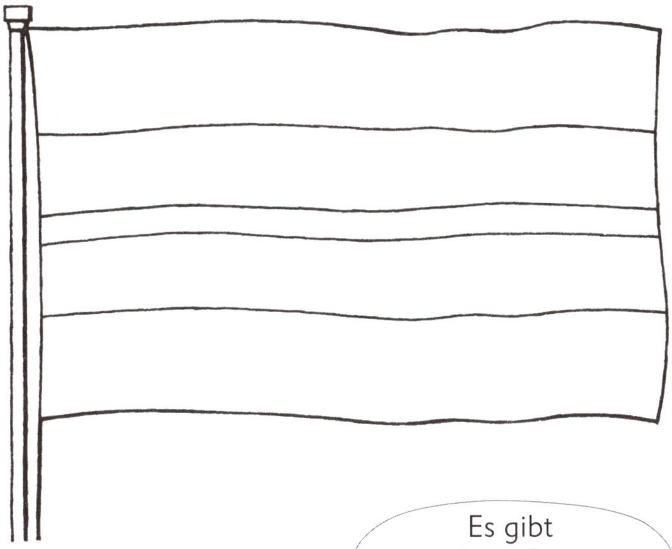

4 Schreibe für Mecklenburg-Vorpommern auf:

A größte Insel: ____________________

B größter See: ____________________

C höchster Berg: ____________________

D längster Fluss: ____________________

E größte Stadt: ____________________

F Länge der Ostseeküste: ____________________

Ausgewählte Fakten über Mecklenburg-Vorpommern festigen;
Stadt mit Hilfe von Sehenswürdigkeiten erkennen;
Fahne und Wappen gestalten; geografische Besonderheiten des Landes notieren

Übersichtskarte des Landes

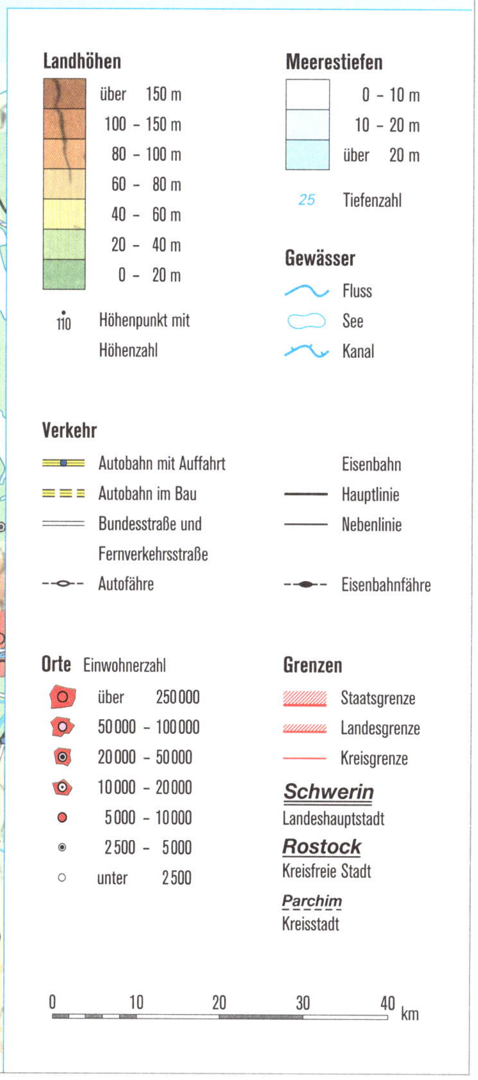

1 Beschreibe mit Hilfe der Karte die Lage von Orten, Flüssen und Seen ...

2 Nutze die Karte zum Gestalten der stummen Karte auf den Seiten 26 und 27.

Auf der Karte entdeckt

1 Nutze die Karte auf den Seiten 22 und 23.
Schreibe hier Planquadrate, Orte und Gewässer auf.

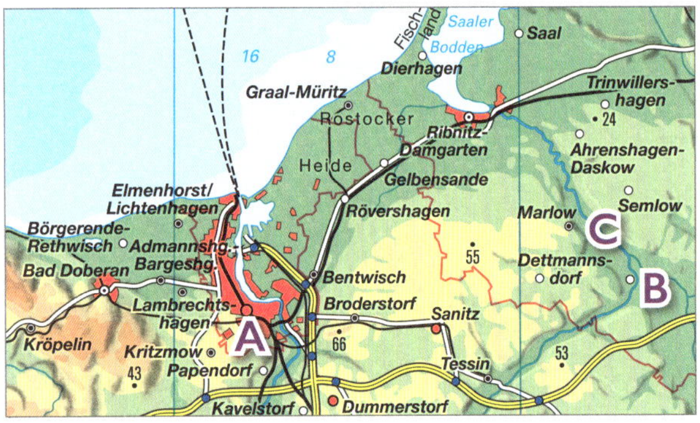

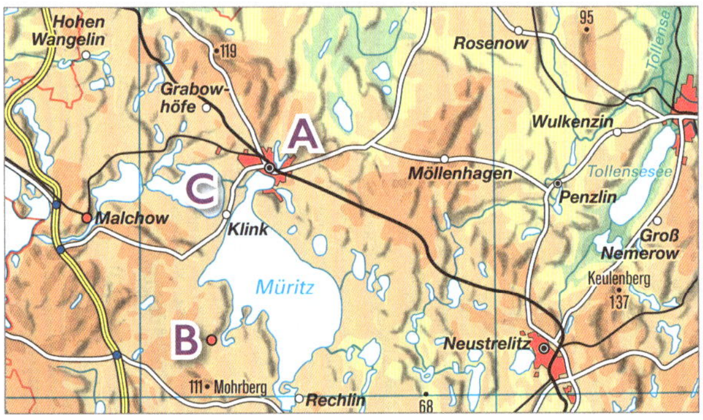

Planquadrate: ______________________

Ort **A**: ______________________

Ort **B**: ______________________

Gewässer **C**: ______________________

Ich entdecke noch: ______________________

Planquadrate: ______________________

Ort **A**: ______________________

Ort **B**: ______________________

Gewässer **C**: ______________________

Ich entdecke noch: ______________________

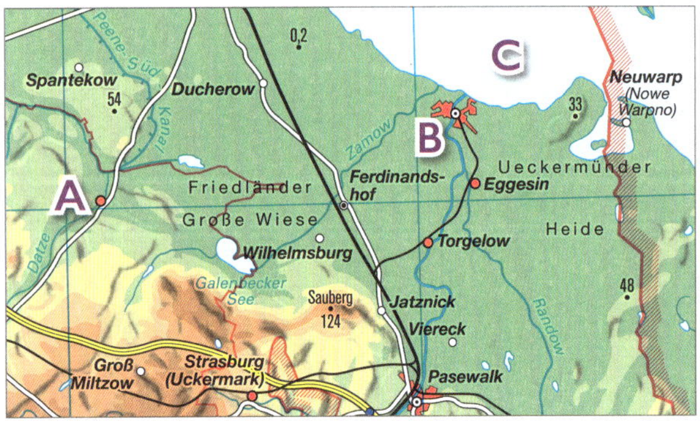

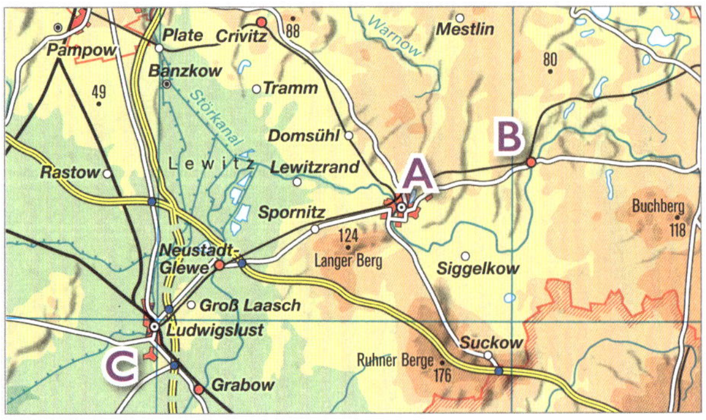

Planquadrate: ______________________

Ort **A**: ______________________

Ort **B**: ______________________

Gewässer **C**: ______________________

Ich entdecke noch: ______________________

Planquadrate: ______________________

Ort **A**: ______________________

Ort **B**: ______________________

Gewässer **C**: ______________________

Ich entdecke noch: ______________________

Kartenausschnitte aus der Landkarte finden, lesen und ihnen Informationen entnehmen; Beschreibungen vergleichen

2 Trage die Lösungen der Aufgabe 4 auf der Seite 21 mit den Buchstaben A – F in die Karte ein.

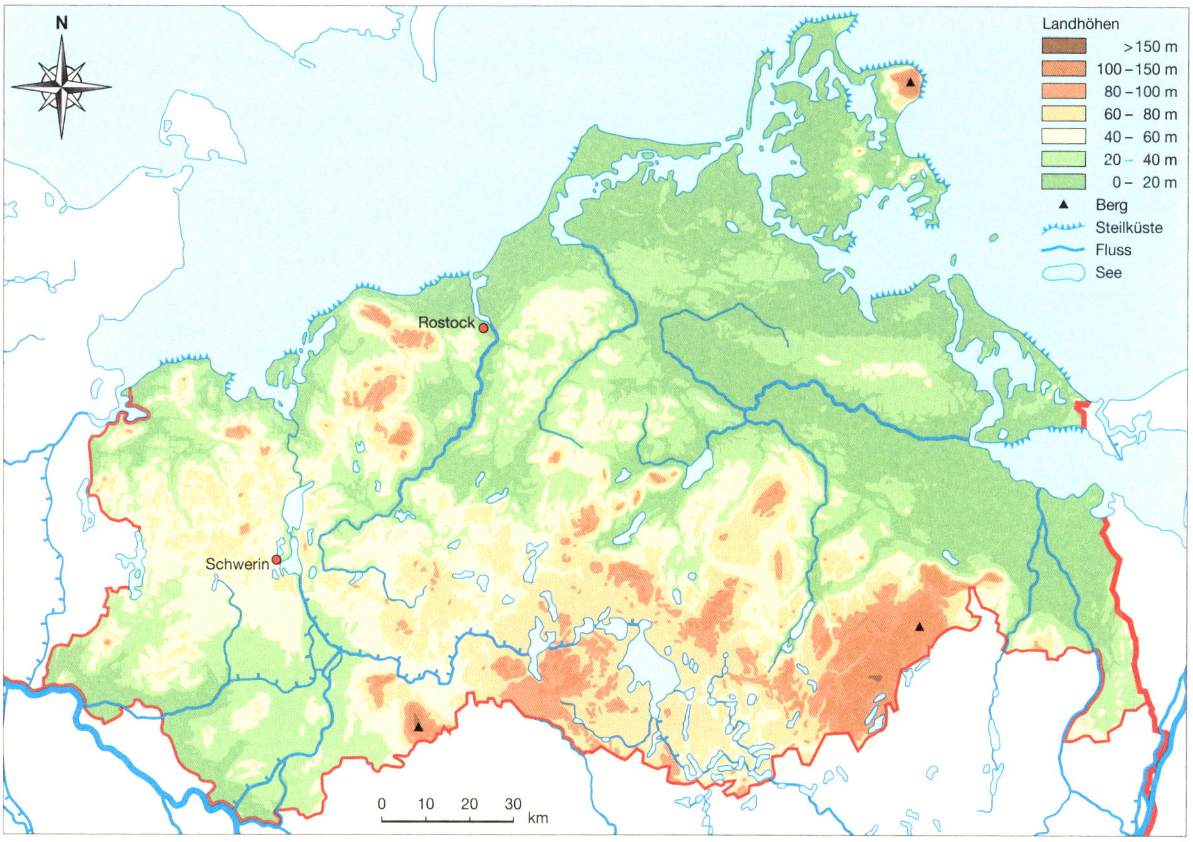

3 Kreuze an. Das ist richtig. ☒ Das ist falsch. ☒

		richtig	falsch
1	Poel ist eine Insel in der Wismarer Bucht.	☐	☐
2	Die Mecklenburgische Schweiz ist eine hügelige Landschaft.	☐	☐
3	Der Klützer Winkel ist eine Landschaft in Nordwest-Mecklenburg.	☐	☐
4	Der Schweriner See liegt in der Ueckermünder Heide.	☐	☐
5	Die Peene fließt durch Anklam.	☐	☐
6	An der Ostseeküste gibt es nur flache Küsten.	☐	☐
7	Die Recknitz mündet in den Saaler Bodden.	☐	☐
8	Rügen ist die größte Insel Deutschlands.	☐	☐
9	Auf der Insel Usedom liegt der Nationalpark Jasmund.	☐	☐

4 Schreibe die Nummern der richtigen Antworten aus Aufgabe 3 in die Karte. Kontrolliere deine Eintragung mit der Karte auf den Seiten 22 – 23.

Umrisskarte des Landes Mecklenburg-Vorpommern

1 Erstelle eine einfache thematische Karte.
Du kannst verschiedene
Themen auswählen, zum Beispiel:

- Gewässer: Seen und Flüsse,
- Sehenswürdigkeiten,
- Straßenkarte.

Mein Thema:

____

Karte mit den selbst entworfenen Legendenzeichen gestalten; Hinweise zur Gestaltung nutzen;
Karten in der Klasse besprechen

S. 4/5

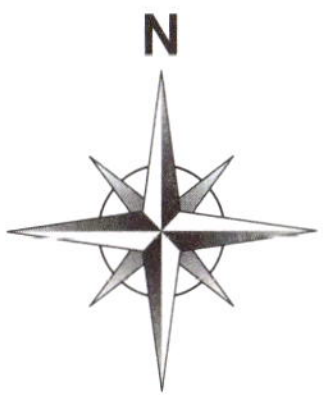

Bedenke:
- Welches Thema wähle ich?
- Finde ich genügend Informationen für die Karte, zum Beispiel im Internet, im Atlas, im Schulbuch...?
- Welche Legendenzeichen nutze ich?
- Soll die Karte einfarbig oder mehrfarbig sein?

- Landesgrenze
- Kreisgrenze
- Fluss
- See
- Kanal
- Stadt

Meine Legende

Karte mit den selbst entworfenen Legendenzeichen gestalten, Hinweise zur Gestaltung nutzen, Karten in der Klasse besprechen

S. 10/11

Reise durch das Land

1 Beschrifte die kleinen Bilder der Sehenswürdigkeiten.

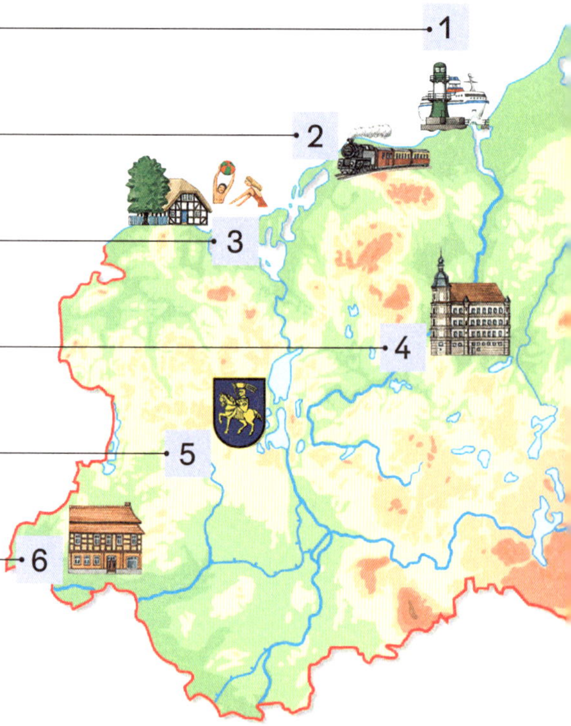

2 Weitere Sehenswürdigkeiten im Land.
Klebe die passenden Bilder ein.

10 Seebrücke Albeck

11 Lilienthal-Museum in Anklam

12 Stargarder Tor
in Neubrandenburg

13 Trojanisches Pferd
in Ankershagen

14 Fahrgastschiff auf der Müritz

Seite 55 — 10

Seite 55 — 11

Seite 55 — 12

Seite 55 — 13

Seite 55 — 14

Sehenswürdigkeiten im Land durch kleine Bilder kennen lernen, Bilder beschriften; ausgewählte Sehenswürdigkeiten im Land mit passenden Namen versehen; sich über Sehenswürdigkeiten informieren

S. 4/5

1 Fähre vor Warnemünde
2 „Molli"- Bäderbahn in Bad Doberan
3 Badende bei Boltenhagen
4 Schloss in Güstrow
5 Wappen von Schwerin
6 Fachwerkhaus in Boizenburg
7 Leuchtturm am Kap Arkona
8 Rathaus in Stralsund
9 Universität Greifswald

3 Beantworte die Frage, die der Hund stellt.
Vermute und schreibe auf.

4 Wähle eine Sehenswürdigkeit aus. Sie kann auch in deinem Ort sein.
Gestalte dazu ein Informationsblatt. Nutze das Internet.
Suche auch nach alten Fotos oder alten Büchern.

Sehenswürdigkeiten im Land durch kleine Bilder kennen lernen; Bilder beschriften;
den Begriff Sehenswürdigkeit erklären; eine ausgewählte Sehenswürdigkeit näher beschreiben, das Internet nutzen

S. 8/9

Was ich über Mecklenburg-Vorpommern weiß

1 Markiere die Lösungsbuchstaben. Schreibe sie in die Kästchen.

Schlage nach im

1	2	3	4	5	6	7	8	9

.

1 Landesdienstflagge von Mecklenburg-Vorpommern	A 	S 	C 
2 stehendes Gewässer in unserem Land	B 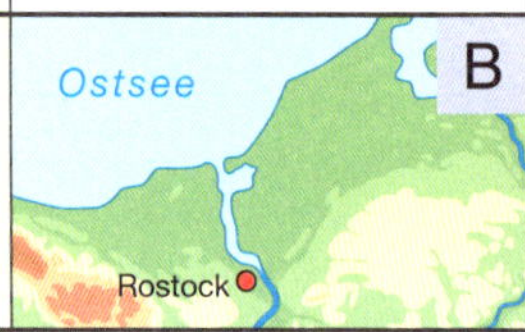	C 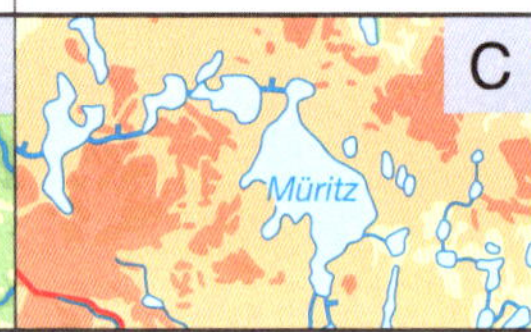	L 
3 Ort an der Deutschen Alleenstraße unseres Landes	H Grimmen	D Ludwigslust	G Burg Stargard
4 Sitz des Landtages	F  Rostock	U  Schwerin	H  Greifswald
5 Wappen der Landeshauptstadt	K 	E 	L 
6 ein bekannter plattdeutscher Dichter	S Friedrich Schiller	R Astrid Lindgren	B Fritz Reuter
7 wichtiger Wirtschaftszweig	U  Landwirtschaft	N  Autoindustrie	O  Textilherstellung
8 eine Halbinsel unseres Landes	C 	B 	U 
9 Ort in der Mecklenburgischen Schweiz	H Malchin	N Grevesmühlen	W Pasewalk

Der Landkarte, dem Atlas und dem Schulbuch Informationen entnehmen; Kenntnisse hier anwenden, das Quiz lösen und ein Lösungswort finden

S. 8/9

2 Schreibe die Namen der großen Hansestädte in die Karte.

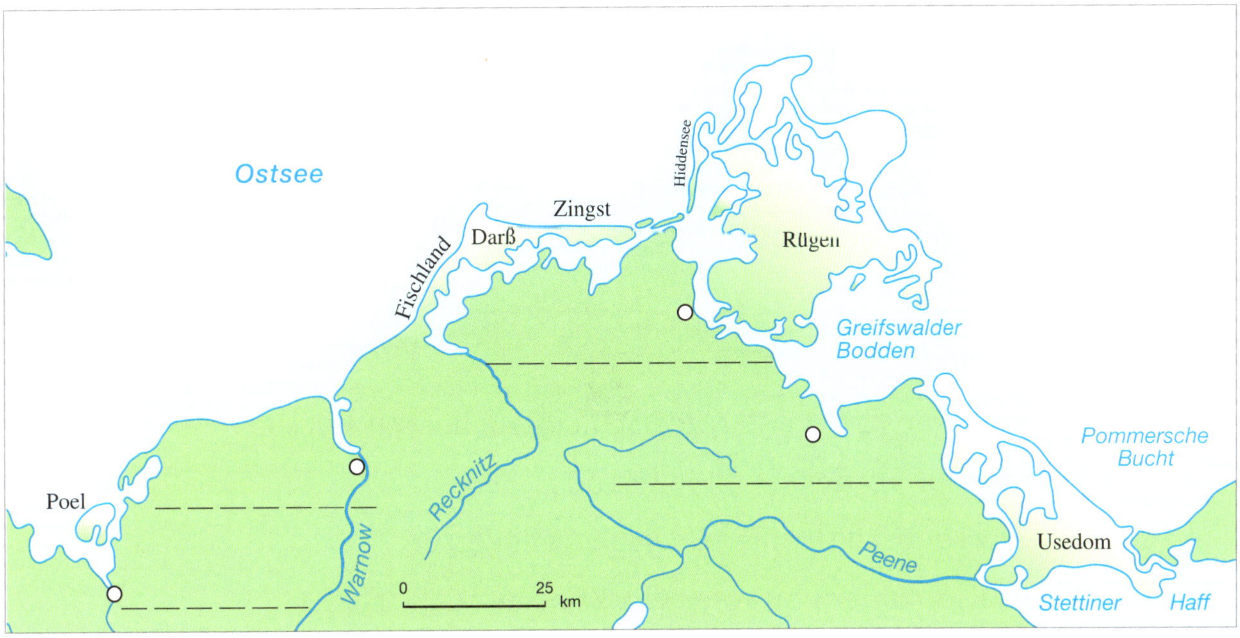

3 In zwei dieser Hansestädte sind einzigartige alte Kirchen, Häuser und Stadtmauern erhalten geblieben. Beide Städte stehen in der Liste des UNESCO-Weltkulturerbes. Informiere dich und kennzeichne sie in der Karte.

4 Begründe, warum einige Städte den Beinamen „Hansestadt“ führen dürfen.

Die

____

ist das Symbol der Hanse.

Vorbereitung auf die Fahrradprüfung

Löse die Aufgaben. Kreuze die richtigen Antworten an.

1. Welche Ausrüstungsgegenstände gehören zu einem verkehrssicheren Fahrrad?

- [ ] Luftpumpe
- [ ] Glocke
- [ ] Tacho und Rückspiegel
- [ ] Scheinwerfer vorne und rotes Schlussleuchte mit Rückstrahler
- [ ] Bremsen für Vorder- und Hinterrad
- [ ] weißer Frontrückstrahler, Speichenreflektoren, Pedalrückstrahler und roter Großflächenrückstrahler

2. Welche der Zeichen regeln die Vorfahrt?

3. Du bist der Radfahrer. Wann darfst du fahren?

- [ ] als Erster
- [ ] als Zweiter

4. Du bist der Radfahrer. Wann darfst du fahren?

- [ ] als Erster
- [ ] als Zweiter
- [ ] als Dritter

5. Welches Fahrzeug fährt als Letztes?

- [ ] rotes Auto
- [ ] blaues Auto
- [ ] Fahrrad

Regeln zur Verkehrssicherheit als Radfahrer für die Vorbereitung auf die Fahrradprüfung wiederholen; verkehrssicheres Fahrrad, Verkehrszeichen, Vorfahrtsregeln, Rücksichtnahme, Verantwortung besprechen

6. Was ist richtig?

☐ Als Radfahrer darf ich am Fußgängerüberweg immer fahren.

☐ Als Radfahrer muss ich anhalten und die Fußgänger vorbeilassen.

☐ Ist die Lücke zwischen den Fußgängern groß genug, kann ich weiterfahren.

7. Wie verhältst du dich als Radfahrer an diesem Waldweg?

☐ Das Auto muss mir die Vorfahrt gewähren.

☐ Ich warte, bis das Auto vorbeigefahren ist.

8. Der Polizist hat sich gerade gedreht. Kreuze an, was das für dich bedeutet.

☐ anfahren

☐ noch warten

9. Wie kannst du einen Beitrag zum Umweltschutz leisten?

☐ Ich lasse mich mit dem Auto zur Schule bringen.

☐ Ich fahre mit dem Fahrrad.

☐ Ich fahre, wenn möglich, mit dem Bus oder der Bahn.

10. Wer trägt den Fahrradhelm richtig?

☐  ☐  ☐  ☐ 

Regeln zur Verkehrssicherheit als Radfahrer für die Vorbereitung auf die Fahrradprüfung wiederholen; Verhalten am Fußgängerüberweg, Ausfahrt aus Waldwegen, Fahren auf Straßen mit Regelung der Polizei, richtiges Tragen eines Fahrradhelms, Beitrag zum Umweltschutz

S. 6/7

Das Leben auf dem Lande früher und heute

1 Lies die Texte über das Leben auf dem Land vor 125 Jahren.
Schneide die Bilder von Seite 55 aus. Klebe sie auf. Achte auf die Signalwörter.

Auf einem Bauernhof lebten und arbeiteten der Bauer und die Bäuerin, deren Eltern sowie Knechte und Mägde. Viele Kinder hüteten Vieh, halfen bei der Hausarbeit und der Getreide-, Heu- und Kartoffel-**Ernte**. In der Erntezeit gingen sie oft nicht zur Schule.	Seite 55
Auf den kleinen Bauernhöfen lebten die Menschen gemeinsam mit ihren Tieren unter einem Dach. Oft trennte nur eine Wand den Wohnraum vom **Stall**. Vor allem Rinder waren wichtig: Sie lieferten Milch, Fleisch und Dünger und dienten auch als Zugtiere.	Seite 55
Die Bauern hielten **Milchkühe**, Schweine, Pferde, oft auch Schafe und Ziegen, Hühner und Gänse. So hatten sie Milch, Fleisch, Felle, Wolle und Eier. Vieles wurde weiterverarbeitet, meist in Handarbeit. So wurde aus Milch Butter, Quark und Käse hergestellt.	Seite 55
Auf den Feldern baute man Feldfrüchte (Roggen, Weizen, Gerste, Kartoffeln, Gemüse) und Futtermittel (Klee, Hafer, Feldgras, Rüben) an. Bei der Feldarbeit wurden **Pferde** oder Kühe vor die Sähmaschine oder vor schwere Erntewagen gespannt. Vor 90 Jahren lösten erste Traktoren sie ab.	Seite 55

Entwicklungsabschnitte beschreiben und untereinander vergleichen; dem Sachtext Informationen entnehmen und entsprechende Bilder inhaltlich richtig zuordnen; die Bilder aufkleben und beschreiben

2 Fasse das Wichtigste aus den Texten von Seite 34 zusammen.

Vor ______ Jahren war das Leben auf dem Land sehr sch____________.

Da es kaum landwirtschaftliche M______________________ gab, wurde im Stall

und auf den Feldern fast alles in H______________________ ausgeführt.

Viele Kinder halfen bie der E___________________.

Vor 90 Jahren lösten erste T______________________ die Zugtiere ab.

3 Welche Aussagen treffen zu? Kreuze an.

Über die Landwirtschaft	vor 125 Jahren	heute
Milchkühe leben in modernen Ställen oder haben Auslauf auf Weiden. Sie werden mit Melkmaschinen gemolken.		
Bei schweren Arbeiten werden Traktoren, Sämaschinen oder Kartoffelroder eingesetzt.		
Pferde ziehen die schweren Erntewagen über das Feld.		
Mähdrescher werden mit Computer gesteuert.		
Kinder helfen bei der Getreide-, Heu- und Kartoffelernte mit.		
Die Bauersfrauen machen in Butterfässern aus Milch Butter.		
Biobauern halten ihre Tiere in gut durchlüfteten, hellen Ställen. Sie füttern gesundes Futter und halten die Tiere artgerecht.		
In vielen Betrieben werden Schweine in Schweinemastanlagen gehalten.		
Die Landwirte leben mit ihrem Vieh unter einem Dach. Wohnraum und Stall sind nur durch eine Wand getrennt.		

4 Gestaltet ein Lernposter zum Thema „Das Leben auf dem Land heute“.

Den Sachtext auf S. 34 in verkürzter Zusammenfassung durch Einsetzen von Begriffen wiedergeben, Aussagen zur Landwirtschaft früher (vor 125 Jahren) und heute herausfinden und durch Ankreuzen entsprechend zuordnen, anschließend vergleichen

S. 2, 3, 14, 15

Alles braucht seine Zeit – ein Würfelspiel

1 Spielt das Würfelspiel.

Ein Würfelspiel mit einer Partnerin/einem Partner spielen; dabei erkennen, dass alles seine Zeit braucht und man sie unterschiedlich wahrnehmen kann

2 Hier sind Buchstaben von Zeitangaben durcheinandergeraten.
Welche Angaben sind gemeint?

- AMNTO ____________
- UMNTEI ____________
- WEHCO ____________
- EDNUKES ____________
- SDUNTE ____________
- AGT ____________
- RHAJ ____________

3 Zum Thema „Zeit" gibt es viele Sprichwörter.
Schreibe auf, was sie bedeuten.

Die verlorene Zeit
fängt man nie wieder ein.

____

____

____

____

Gutes braucht seine Zeit.

____

____

____

____

4 Mache eine Zeitreise in die Zukunft.
Was möchtest du dort erleben?
Schreibe oder male auf ein Blatt.

Sie leben am und im Gewässer

1 Wie heißen die Pflanzen und Tiere?
Schreibe ihre Namen auf.

1

2

3

4

5

6
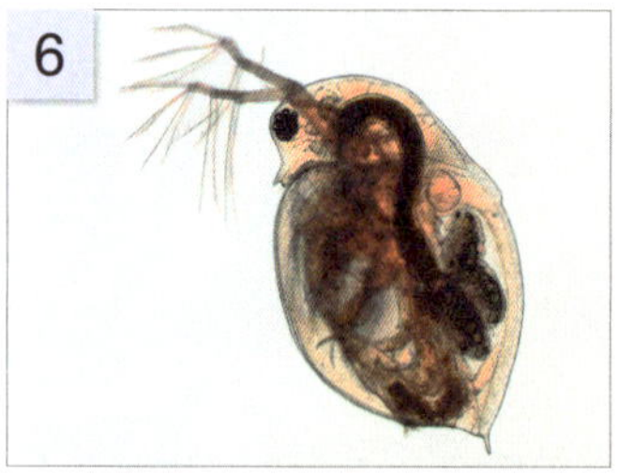

7

8

9

1	P	O	S	T	H	O	R	N	S	C	H					
2	S	U				D										
3	G				R			H								
5		O	H		S	Ä										
6	W		S		E		F	L								
7		A	S	S			P									
8	S	C	H	W	E	B	F	L								
9	H			B			T			C	H					

4		E	C		

Artenkenntnisse vertiefen, Pflanzen (Sumpfdotterblume, Wasserpest) und Tiere (Graureiher, Haubentaucher, Hecht, Posthornschnecke, Rohrsänger, Schwebfliege, Wasserfloh), am und im Gewässer benennen, zu den Tieren erzählen lassen

2 Schneide die Bilder von Seite 55 aus und klebe sie ein.

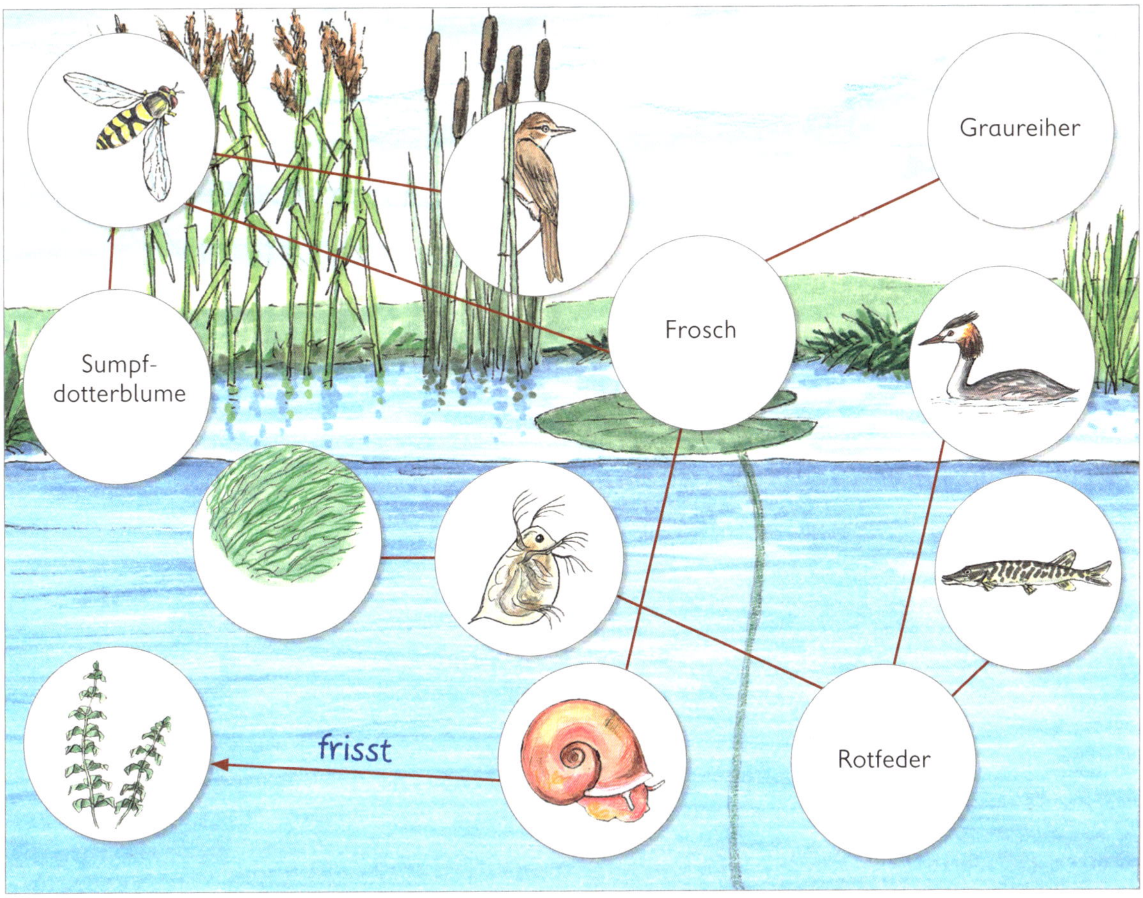

3 Wer frisst wen?
Ergänze die Pfeile im abgebildeten Nahrungsnetz.

4 Vervollständige den Text:

Lebensgemeinschaft	Lebewesen	Nahrungsnetze	Tieren

________________ ernähren sich von verschiedenen Pflanzen

und/oder von ________________. Sie sind voneinander abhängig und

bilden eine ________________.

Verbindungen der Lebewesen über die Nahrung werden als

________________ bezeichnet.

Die Stockente

1 Wie ist die Stockente an das Leben im und am Wasser angepasst?
Unterstreiche alle Textstellen, mit denen du die Frage beantworten kannst.

Die Weibchen haben das ganze Jahr graubraune Federn. Beim Brüten sind sie gut an die Umgebung angepasst und dadurch besser vor Feinden geschützt.

Die Männchen (Erpel) zeigen sich im Frühling im farbenfreudigen Federkleid. Damit locken sie die Weibchen an und grenzen ihr Revier ab.

Der Körper der Enten ist kahnförmig und liegt beim Schwimmen gut auf dem Wasser. Das „Federluftkissen" bietet Wärmeschutz vor dem Wasser und macht den Körper beim Schwimmen leicht. Am Ende des Rückens haben die Enten eine Bürzeldrüse. Sie sondert Fett ab. Mit dem Schnabel verteilen sie das Fett über ihr Federkleid, so dass es wasserabweisend ist.

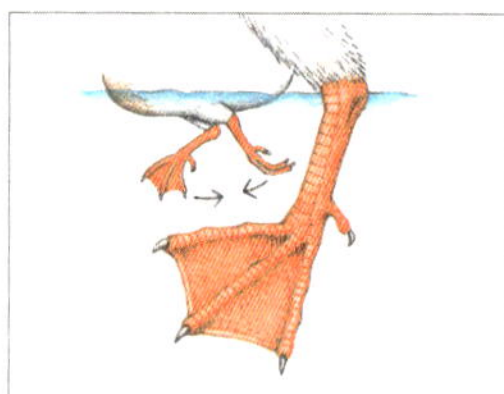

Enten haben Schwimmfüße, denn die Zehen sind durch Schwimmhäute miteinander verbunden. Enten suchen ihre Nahrung oft am Grund der Gewässer. Sie „gründeln". Dafür kippen sie nach vorn, dann sind Kopf und Hals unter Wasser. Der Schnabel wirkt wie ein Sieb. Die Nahrung bleibt hängen, Schlamm und Wasser laufen seitlich ab.

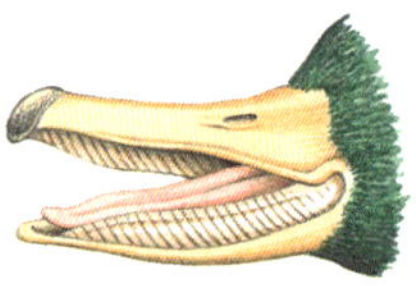

2 Erzähle mit Hilfe deiner unterstrichenen Textstellen:
Wie ist die Ente an ihren Lebensraum angepasst?

Ein Lebewesen (Stockente) im und am Gewässer beobachten; Text über die Stockente lesen und Merkmale der Angepasstheit an den Lebensraum unterstreichen; die ausgewählten Stellen mündlich wiedergeben

3 Weißt du es? Notiere in den Kästchen die Buchstaben der richtigen Antworten.

Lösungswort:

1	2	3	4	5	6	7

1 Wo leben Stockenten?		
im Ozean **A**	im und am See **L**	in der Wüste **B**
2 Wie heißen die Füße der Stockente?		
Schwimmfüße **I**	Paddelfüße **D**	Plattfüße **K**
3 Wozu haben Stockenten Bürzeldrüsen? Zum ...		
Füttern der Jungen **M**	Einfetten des Gefieders **B**	Abwehren von Feinden **S**
4 Wie schützen sich Enten vor dem Frieren?		
Sie kuscheln sich im Nest aneinander. **P**	Sie können Luft zwischen den Federn speichern. **E**	Sie halten in Höhlen Winterruhe. **R**
5 Was fressen Stockenten?		
Ratten **C**	kleine Tiere **B**	Wasserpflanzen, Schnecken und Würmer **L**
6 Warum brüten nur die Weibchen der Stockenten?		
Ihr Federkleid ist eine gute Tarnung vor Feinden. **L**	Sie haben mehr Geduld als die Männchen beim Brüten. **G**	Sie können in der Brutzeit ohne Nahrung auskommen. **A**
7 Stockenten wechseln ihr Federkleid. Das heißt Mauser. Warum machen sie das?		
Sie wollen sich neu herausputzen. **H**	Sie sind dicker geworden und das Federkleid passt nicht mehr. **U**	Die Federn nutzen sich mit der Zeit ab. **E**

4 Gruppenarbeit: Gestaltet zum Lösungswort aus Aufgabe 3 ein Leporello. Nutzt das Internet unter www.fragFinn.de oder www.helles-koepfchen.de.

Fragen zur Stockente beantworten und damit ein Lösungswort finden; zum Tier, das im Lösungswort gefunden wurde, ein Leporello gestalten

S. 6/7

Angepasst – Pflanzen im Wasser

1 Lies den Text über die Kleine Wasserlinse.
Notiere am Rand des Textes Schlüsselwörter.

Die **Kleinen Wasserlinsen** treiben oft auf stehenden Gewässern, wie Teichen und Tümpeln. Sie überziehen das Wasser wie ein grüner Teppich. Weil sie gern von Enten gefressen werden, nennt man sie auch Entengrütze, Entengrün oder Entenflott. Wasserlinsen bestehen aus einem oder mehreren nur 2 – 4 mm großen rundlichen Schwimmblättchen. Die Blätter haben luftgefüllte Hohlräume. So kann die Pflanze auf der Wasseroberfläche schwimmen. An den Blättchen sitzt eine kleine Wurzel. Durch sie nehmen die Pflanzen aus dem Wasser Nährstoffe auf. Die Wurzeln tragen auch dazu bei, dass die Pflanzen stabil auf dem Wasser liegen können. Die Wasserlinsen blühen selten. Meist bilden sich an der Mutterpflanze Ableger.

2 Beschrifte die Pflanze. Die Schlüsselwörter helfen dir.

Kleine Wasserlinse

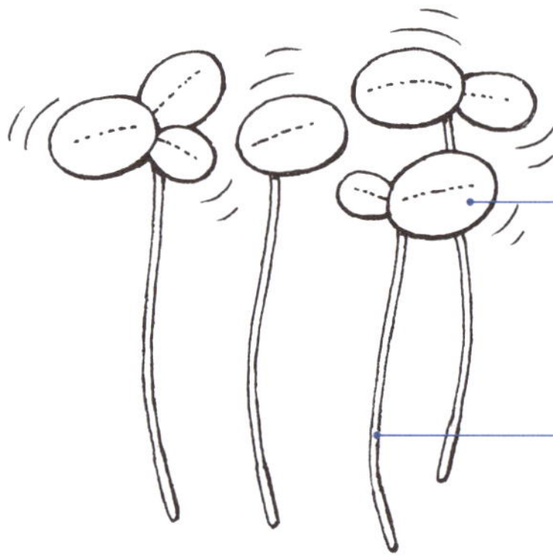

3 Schreibe auf: Wie ist die Wasserlinse an das Leben im Wasser angepasst?

Eine Pflanze im Wasser kennen lernen (Wasserlinse), Schlüsselwörter im Text finden, ihn mit Hilfe der Schlüsselwörter mündlich wiedergeben; die Wasserlinse beschriften und ausmalen; die Anpassung der Pflanze kurz beschreiben

S. 6/7

4 Wie heißt die Pflanze?
Trage ihren Namen in den Kreis ein.

- große weiße Blüte
- große Schwimmblätter mit Wachs überzogen
- Samen können schwimmen

5 Zeichne und beschrifte die Pflanze, die du in Aufgabe 4 benannt hast.
Nutze das Schulbuch Seite 84.

6 In Aufgabe 4 hast du den Namen einer Wasserpflanze aufgeschrieben.
Wie ist die Pflanze an das Leben im Wasser angepasst?
Schreibe einen Text.

Mit Hilfe von Aussagen zu einer Pflanze den Namen finden (Seerose); eine Zeichnung der Pflanze anfertigen, dabei das Schulbuch nutzen; die Anpassung der Pflanze an den Lebensraum Gewässer notieren

Geräusche hören

Wenn für Filme und Hörspiele die wirklichen Geräusche nicht verwendet werden können, erzeugen Geräuschemacher passende Geräusche. Dabei müssen sie ziemlich erfinderisch sein.

Geräuschemacher Joo Fuerst bei der Arbeit

1 Schreibe auf: Welche Geräusche werden hier nachgemacht?

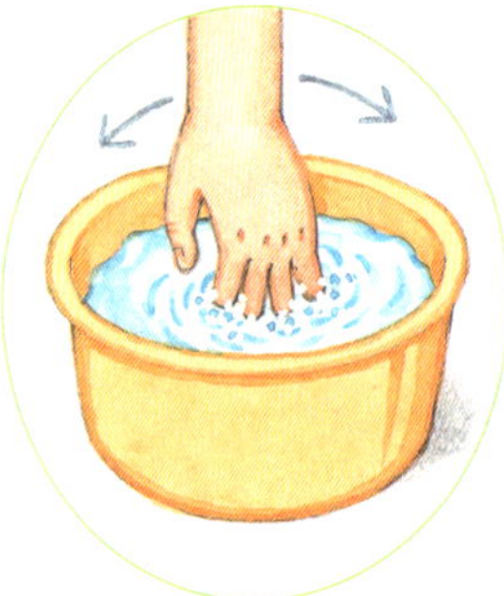

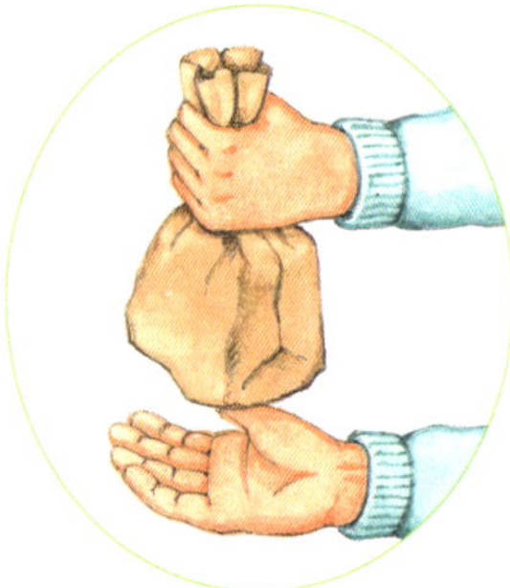

2 Welche Ideen hast du, um Geräusche zu erzeugen?
Probiere es aus und zeichne.

Schall (Geräusche) wahrnehmen und erkennen; Sturm, Wellen im See, Tür knallt, Schritte im Schnee; Geräuschproduktion ausprobieren

3 Störende oder schädliche Geräusche werden als Lärm bezeichnet.
Was stört hier? Beschrifte die Bilder.

4 Höre genau.
In eurer Schule gibt es angenehme und unangenehme Geräusche.
Trage Beispiele in die Tabelle ein.

Angenehme Geräusche in unserer Schule	Unangenehme Geräusche in unserer Schule

5 Diskutiert, was ihr gegen unangenehme Geräusche in der Schule tun könnt.

Optische Täuschungen

1 Betrachte die Bilder genau. Notiere, was du siehst.

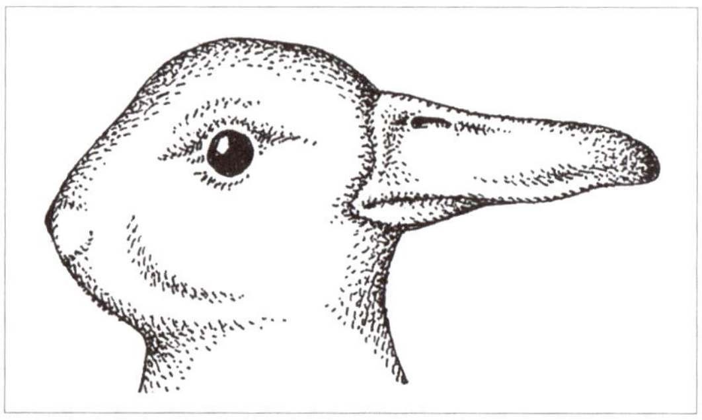

Ich sehe linksherum:

____.

Ich sehe rechtsherum:

____.

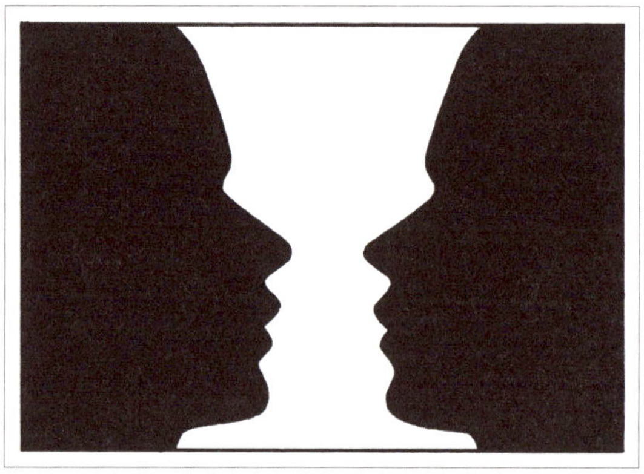

Ich sehe auf der weißen Fläche:

____.

Ich sehe auf der schwarzen Fläche:

____.

2 Welcher der beiden Kreise in der Mitte erscheint größer?

Bild ___

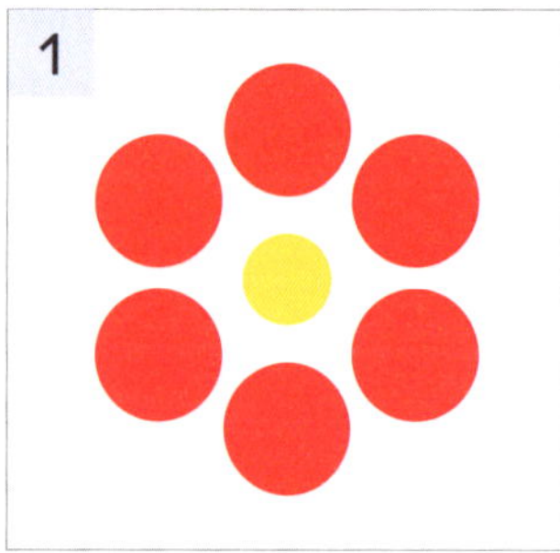

Beim Betrachten der Bilder bringen wir die Dinge in Beziehung zu einander. Wir vergleichen.

Im Bild 1 vergleichst du den Kreis in der Mitte mit den größeren Kreisen ringsherum.

Darum erscheint er ______________________________.

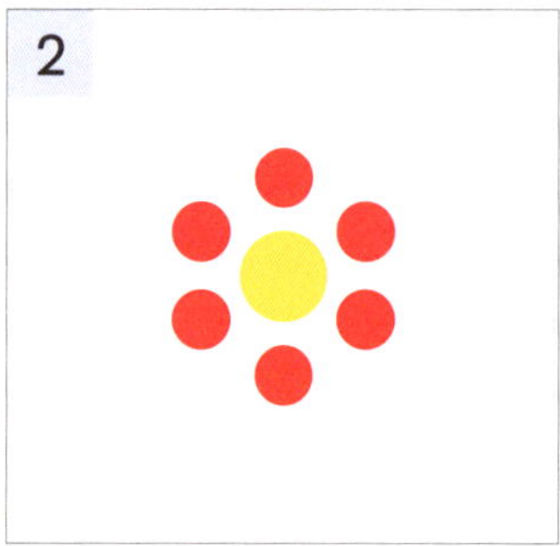

Im Bild 2 vergleichst du den Kreis in der Mitte mit den kleineren Kreisen ringsherum.

Dadurch erscheint er ______________________________.

Die gelben Kreise im Bild 1 und Bild 2 sind

____.

Optische Täuschungen als visuelle Wahrnehmungsstörungen erkennen und erklären, Lückentext ausfüllen

3 Wie viele optische Täuschungen erkennst du?
Kennzeichne sie mit einem roten Punkt.
Besprecht sie gemeinsam. Ich sehe ...

4 Vervollständige den Text. Er erklärt, wie optische Täuschungen entstehen.

Augen   Eindrücke   Gehirn   Informationen   optischen

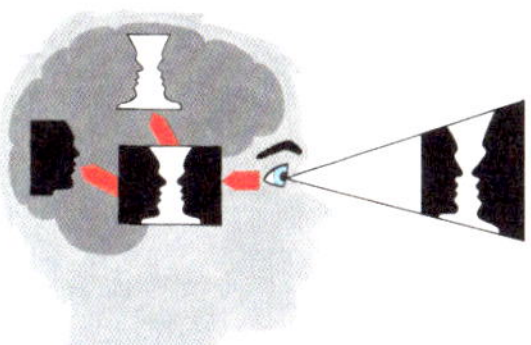

Ich kann mit Hilfe meiner ____________ sehen.

Dabei werden sehr schnell ____________________ zwischen meinen Augen und meinem Gehirn ausgetauscht. Das ______________ vergleicht schon Bekanntes mit dem Gesehenen. Wenn beides nicht zusammenpasst, liefert uns das Gehirn falsche ____________________.

Es kommt zu ____________________ Täuschungen, die zeigen, wie ungenau unsere Wahrnehmung sein kann.

Trinkwasser für unsere Häuser

1 Betrachte die Abbildung.
Woher kommt das Trinkwasser, das wir täglich nutzen?
Schreibe einen Text zum Schaubild.

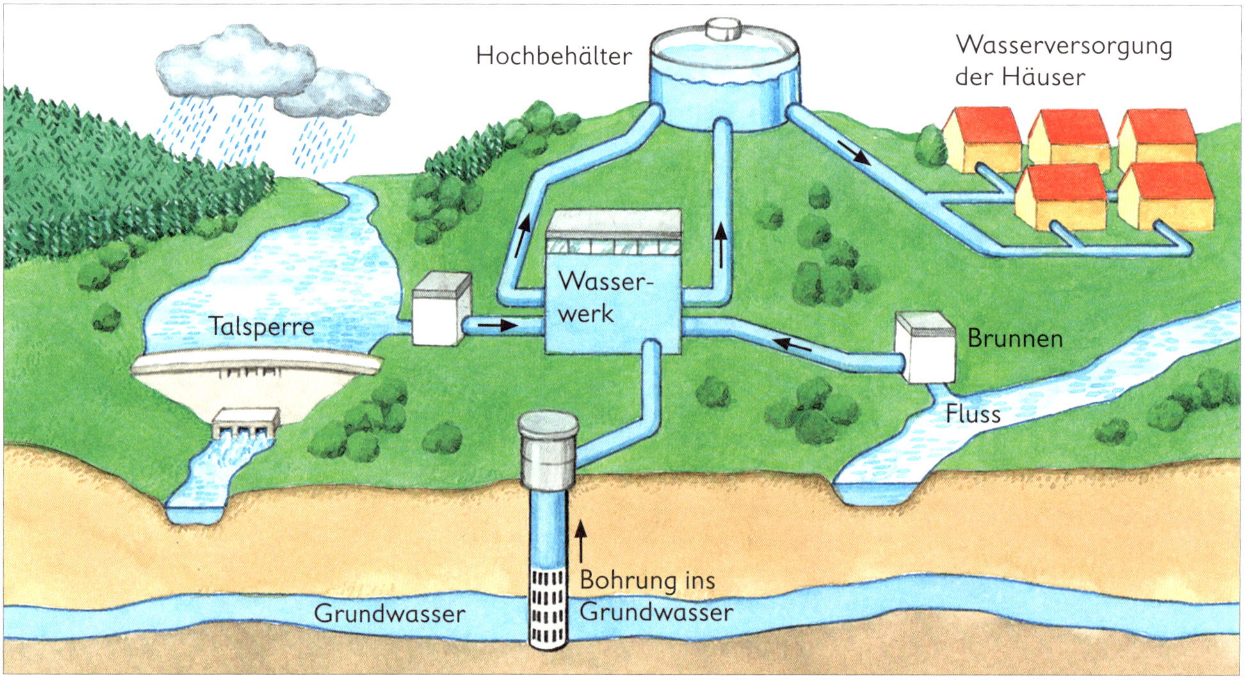

2 Frage in deiner Familie nach: Wozu gibt es Wasserzähler in den Häusern?

Dem Schaubild Informationen zur Herkunft unseres Trinkwassers entnehmen und dazu einen kurzen Text schreiben; im Haushalt nachfragen, welche Bedeutung ein Wasserzähler hat, diskutieren, warum man für Trinkwasser bezahlen muss

3 Das Kreisdiagramm zeigt, woher in Mecklenburg-Vorpommern das Trinkwasser kommt. Werte es aus und ergänze die Sätze.

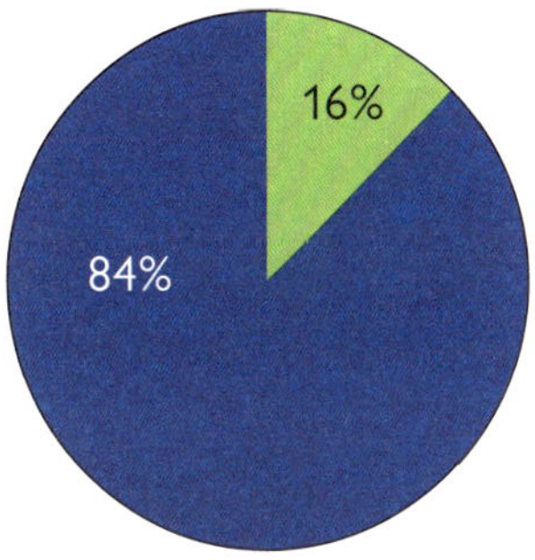

■ Grundwasser aus dem Boden
■ Oberflächenwasser aus Fließgewässern

Das meiste Trinkwasser erhalten wir aus

________________________________.

Das übrige Trinkwasser entnehmen wir aus

________________________________.

4 Vermute: Kann der Hochbehälter alle Häuser mit Wasser versorgen?

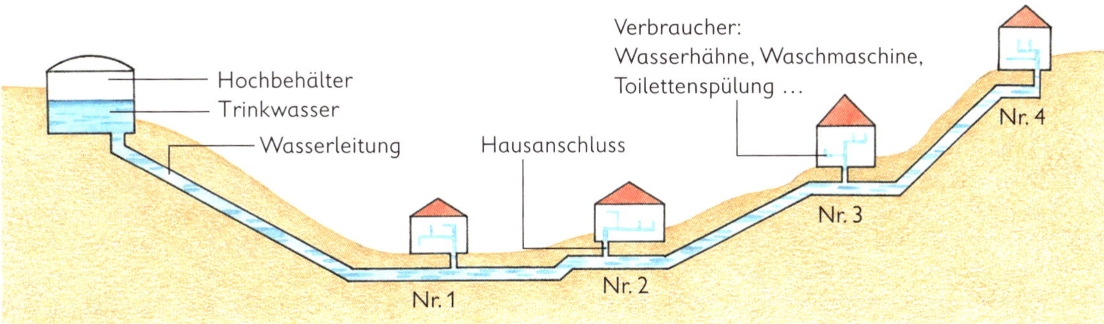

Wasser bergauf fließen lassen

Du brauchst:

- Wasser, einen Schlauch,
- zwei Trichter:

Hochbehälter A , Häuser B

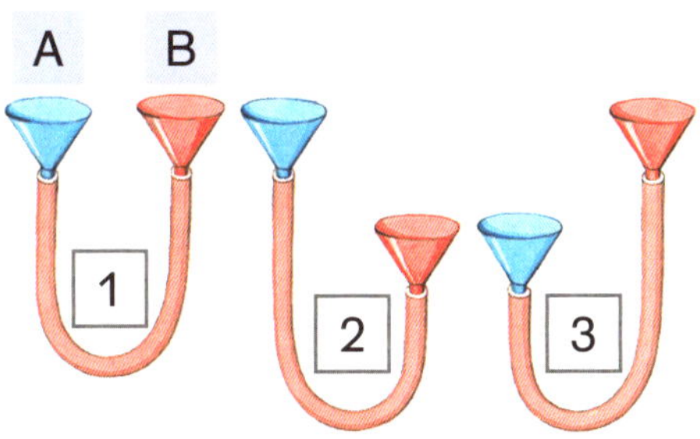

Gehe so vor:

- Baue ein Modell 1
- Gib Wasser in den Hochbehälter A .
- Halte Hochbehälter A und Häuser B unterschiedlich hoch 2 3 .
- Finde so heraus, ob alle Häuser mit Wasser aus dem Hochbehälter versorgt werden.

Ergebnis: Alle Häuser werden mit Wasser versorgt: ja ☐ nein ☐

Informationen zur Herkunft des Trinkwassers in Mecklenburg-Vorpommern einem Kreisdiagramm entnehmen; mit Hilfe eines Versuches deutlich machen, warum es Hochbehälter (Wassersammelbehälter) gibt

S. 2/3

Das Hausschwein ist ein Nutztier

1 Hausschweine sollen artgerecht gehalten werden.
Ergänze den Lückentext.

Schweine brauchen saubere und helle St__________.
Sie sind gesellig und sollten in Stallgruppen von
10 bis 20 T__________ gehalten werden.
In der Gemeinschaft fühlen sie sich wohl.

Schweine brauchen Liegeplätze mit St__________:
im Sommer mit weniger, im Winter mit mehr
zum Wärmen. Die Schweine w__________ gern
im Stroh, zerkauen es und bauen damit ihre Nester.

Schweine brauchen A__________ ins Freie,
denn sie bewegen sich gern. Dort wühlen sie
in der Erde und suchen F__________.
Sie baden sich in Schlammsuhlen, um sich abzukühlen
und zu reinigen.

Sauen, die F__________ bekommen, brauchen
gesonderte Liegeplätze. Nach der G__________
bekommen die kleinen Ferkel ein beheiztes Ferkelnest
und können sich in einem eigenen Bereich aufhalten.

S__________ müssen ausreichend und regelmäßig
gefüttert werden. Sie brauchen gutes F__________:
Raufutter wie Stroh, Heu oder frisches Gras
und zusätzlich Kraftfutter. Sie trinken viel.

Informationen zur artgerechten Haltung von Hausschweinen dem Sachtext entnehmen,
dabei den Lückentext ergänzen, Bilder ausschneiden und den einzelnen Textabschnitten zuordnen

2 Trage ein: Das wird vom Hausschwein weiterverarbeitet.

Borsten

3 Schweine werden gemästet.
Die jungen Mastschweine werden
nach fünf bis sieben Monaten geschlachtet.
Wie heißen die Teilstücke, aus denen Fleisch und Wurst zubereitet werden?
Informiere dich im Internet.

1	Kopf
2	Nacken, Kamm
3	Schulter
4	Rückenspeck
5	Kotelett, Kassler
6	Filet
7	Hüfte, Schinken
8	Eisbein
9	Bauch
10	Brust, dicke Rippe
11	Schwanz
12	Füße

Den Nutzen des Hausschweines für den Menschen erfassen und dokumentieren;
zum Thema im Internet recherchieren

S. 2, 3

Mit Medien umgehen

1 Jeden Tag benutzt du Medien,
um dich zu informieren, dich zu unterhalten
oder mit anderen Kontakt zu haben.
Wozu nutzt du welches Medium im Alltag?
Kreise die abgebildeten Medien in den entsprechenden Farben ein.

Kommunikation Unterhaltung Information

2 Was denkst du über dieses Foto?

____

____

____

Vielfalt der Mediennutzung erkennen, Nutzen und Gefahren durch Medien abschätzen lernen;
Regeln für die Mediennutzung aufschreiben und begründen

3 Was machen diese Familienmitglieder an ihren Smartphones oder am Tablet? Trage mögliche Tätigkeiten in ihre Denkblasen ein.

- Öffnungszeiten der Bibliothek nachsehen
- Theaterkarten reservieren
- den Treffpunkt für den Klassenausflug erfragen
- den Elternabend im Kalender einspeichern
- mit der Vokabel-App lernen
- E-Mails schreiben
- Nachrichten lesen
- für die Hausaufgaben etwas nachschauen
- ...

4 Welche Regeln für die Mediennutzung gibt es bei dir zu Hause? Welche findest du sinnvoll? Mit welchen Regeln hast du Probleme?

Bist du fit für Klasse 5?

1 Lies die Aufgaben und bewerte dich.
Male die Kreise entsprechend aus:

Das kann ich …
ohne Mühe — mit etwas Mühe — mit viel Mühe

1. Einen Vortrag erarbeiten und halten

Ich kann …
- Informationen zum Vortrag sammeln und ordnen.
- den Vortrag mit verschiedenen Medien gestalten.
- beim Vortrag laut, deutlich und langsam sprechen.

2. Im Internet recherchieren

Ich kann …
- im Internet eine Kindersuchmaschine aufrufen.
- einen genauen Suchbegriff zum Thema eingeben.
- die Suchergebnisse prüfen.

3. Zu einem Thema diskutieren

Ich kann …
- meine Gedanken zu einem Thema darlegen.
- mich mit anderen zum Thema austauschen.
- gegenteilige Meinungen zulassen und diese prüfen.

4. Eine Befragung durchführen

Ich kann …
- passende Fragen zu einem Thema finden.
- die Befragung durchführen.
- das Ergebnis der Befragung auswerten und präsentieren.

5. Ein Experiment durchführen

Ich kann …
- die Schritte beim Experimentieren einhalten.
- alle Vorsichtsmaßnahmen berücksichtigen.
- ein Protokoll zum Experiment anfertigen.

6. Eine Sachzeichnung anfertigen

Ich kann …
- in der Zeichnung das Wichtigste darstellen.
- zur Zeichnung eine Überschrift finden.
- die Zeichnung mit exakten Beschriftungen versehen.

S. 6/7

Zum Ausschneiden

für Seite 9

für Seite 15

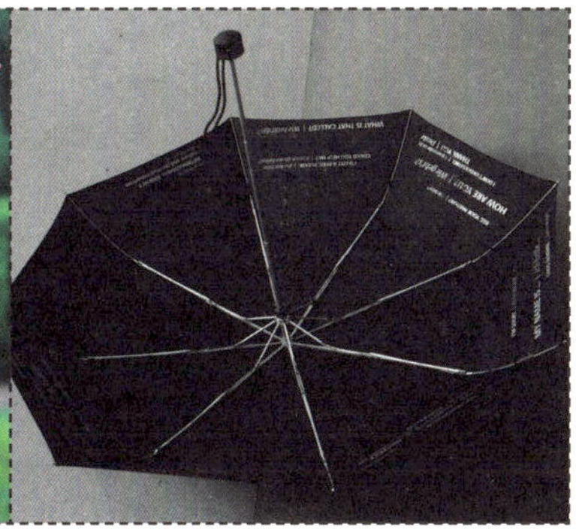

für Seite 34

für Seite 28

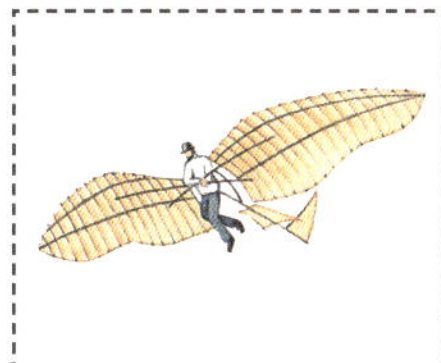

für Seite 39

Übersicht zur Lehrplanpassung für Lehrerinnen und Lehrer

Lernbereich	Seiten im Schülerbuch 4	Seiten im Arbeitsheft 4
Sich selbst wahrnehmen		
• Gesundheitsförderung	39–41	16–17
• Sexualität und Geschlechterrolle	42–48	18–19
Zusammenleben		
• Formen des Zusammenlebens	5–12	2–3, 10–11
• Sich als Konsument verhalten	24–32	12–13
Naturphänomene erschließen		
• Tiere	102–103	50–51
• Pflanzen	18, 19, 67	8–9
• Biotop	14–15, 18–19, 82–83, 86–87	4–5, 38–43
• Wetter	33–38	14–15
• Wasser	97–101	48–49
• Akustische Phänomene	89–91, 96	44–45
• Optische Phänomene	94–96	46–47
• Magnetismus	92–93, 96	
Räume entdecken		
• Räume wahrnehmen	49–51	20
• Räume erschließen	52–53	24–25
• Räume nutzen	54–72	21, 26–33
Zeit und Geschichte verstehen		
• Zeitliche Abläufe in der Natur	16–17	6–7
• Zeit einteilen	78–79	36–37
• Entwicklungen und Veränderungen	34–35, 60–61, 74–77	34–35
Medien nutzen		
• Medien verwenden, bewerten und produzieren	105–109	52–53
• Mit dem Computer arbeiten	110–112	

Umweltfreunde 4

Wegweiser

Arbeitstechniken für den Sachunterricht

2 Mit Schaubildern arbeiten
4 Im Internet recherchieren
6 Einen Sachtext lesen und verstehen
8 Mit geschichtlichen Quellen arbeiten
10 Eine stumme Karte gestalten
12 Eine Sachzeichnung anfertigen
14 Einen Ordner anlegen
16 Ein Inhaltsverzeichnis anlegen

VOLK UND WISSEN

Mit Schaubildern arbeiten

Ich möchte aus einem Schaubild Informationen entnehmen.

1 Ich betrachte zuerst das ganze Bild:
oben, unten, links, rechts, Mitte, Vordergrund, Hintergrund

2 Ich schaue mir dann
einzelne Ausschnitte des Bildes an.
Zum Beispiel:

- mit einem Gucklochblatt

So kann ich ein Schaubild genau und vollständig betrachten und beschreiben:
eine Illustration zum Wald, ein Foto einer Straße, ein Schema zu einem Arbeitsablauf ...

• mit einem weißen Blatt, das seitlich oder von oben nach unten geschoben wird

• durch einen aufgelegten Rahmen

• durch eine Lupe

3 Ich beschreibe, was ich jeweils sehe. Was wird mitgeteilt?

4 Ich werte die Informationen aus.
Kann ich die Informationen gebrauchen?
Reichen die Informationen für mich aus?
Finde ich das Schaubild gelungen?

5 Zum Schluss schreibe ich einen Text, der alle Informationen zusammenfasst.

... ein Säulendiagramm, eine Landkarte meines Heimatlandes, ein Schema der Abwasserversorgung ...

Im Internet recherchieren

Ich möchte für einen Vortrag zum Thema „Wald nutzen und schützen" im Internet Informationen suchen. Ich nutze diese Schrittfolge:

1 Was will ich wissen?

2 Wo finde ich Informationen im Internet?
Ich nutze Kindersuchmaschinen, zum Beispiel:

www.fragFinn.de

www.blinde-kuh.de

www.helles-köpfchen.de

www.tivi.de/loewenzahn

www.naturdetektive.de

3 Welche Suchwörter verwende ich?

Wald oder **Wald nutzen** oder **Wald Schutz**

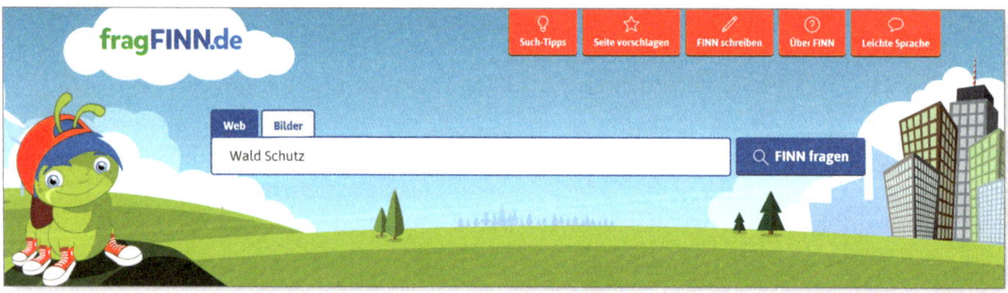

So kann ich Informationen aus einem technischen Medium entnehmen: Suchmaschine nutzen, in Schritten vorgehen und dabei Sicherheitshinweise beachten ... : Sachtexte, Übersichten, Tabellen, Bilder, Buchempfehlungen ...

4 Wie finde ich die Informationen?

- Ich klicke den Internetzugang an.
- Dann gebe ich auf der Startseite den Namen der Kindersuchmaschine ein.
- In das Suchfenster der Suchmaschine gebe ich den Suchbegriff ein.
- Neben dem Suchfenster klicke ich auf „Start“. Der kann auch anders heißen. Zum Beispiel: ‚O.K.‘, ‚Los!‘, ‚Finden‘ oder es ist eine Lupe.

5 Ich schaue mir die Überschriften der Links an und wähle einen passenden Link aus.

6 Ich lese die Internet-Seite, betrachte die Bilder und mache mir Notizen, die zum Thema passen. Dazu nutze ich die Wegweiser-Seiten 6/7 (Einen Sachtext lesen und verstehen). Ich kann die Seite auch ausdrucken.

... Sachtexte und Bilder suchen, diese auswerten und aufbereiten: für einen Vortrag, eine Präsentation, eine Ausstellung, ein Prospekt, ein Portfolio ...

Einen Sachtext lesen und verstehen

Ich möchte einen Sachtext zum Thema „Gesundheit“ lesen und alle Aussagen verstehen.

1 Ich lese zuerst die Überschrift.

2 Dann betrachte ich die Bilder zum Text. Sie geben oft schon Hinweise darüber, worum es im Text geht.

3 Zum besseren Verstehen des Textes mache ich mir Notizen am Rand. Dazu falte ich einen Papierstreifen und lege ihn um den äußeren Rand der Buchseite.

- Ich setze Häkchen neben Textstellen, die ich verstanden habe. ✔
- Ich setze Fragzeichen neben Textstellen, die ich noch nicht verstanden habe. ?
- Ich setze Ausrufezeichen neben Textstellen, die ich besonders wichtig finde. !
- Ich schreibe Wörter an den Rand, die ich nicht verstehe.

4 Nun schlage ich die unbekannten Wörter im Lexikon nach, frage ein Partnerkind oder suche Erklärungen im Internet.

So kann ich einen Sachtext erschließen und die Inhalte in Gesprächen, Vorträgen oder Aufsätzen nutzen: gesunde Lebensweise, der Wald als Lebensraum, bedeutende Persönlichkeiten, ...

5 Dann lese ich die Textstellen,
die ich nicht verstanden habe, noch einmal.
Ich lese auch die Sätze davor und danach.
Vielleicht verstehe ich sie dann.
Wenn nicht, muss ich sie mir erklären lassen.

6 Ich kann den Inhalt auch
mit eigenen Worten wiedergeben.

7 Jetzt kann ich mich mit einem Partnerkind
über den Inhalt austauschen.

8 Um mir den Text gut zu merken,
male ich zu einzelnen Abschnitten Skizzen.

... die Hauptstadt unseres Landes, Wettererscheinungen, Jahreszeiten ...

Mit geschichtlichen Quellen arbeiten

Ich möchte erfahren, was Menschen in früherer Zeit gelernt, geschrieben, gebaut, gegessen … haben.

1 Ich suche und sammle zu verschiedenen Themen Quellen. Das sind Gegenstände, Bilder oder Texte, aus denen ich etwas aus der Vergangenheit erfahren kann.

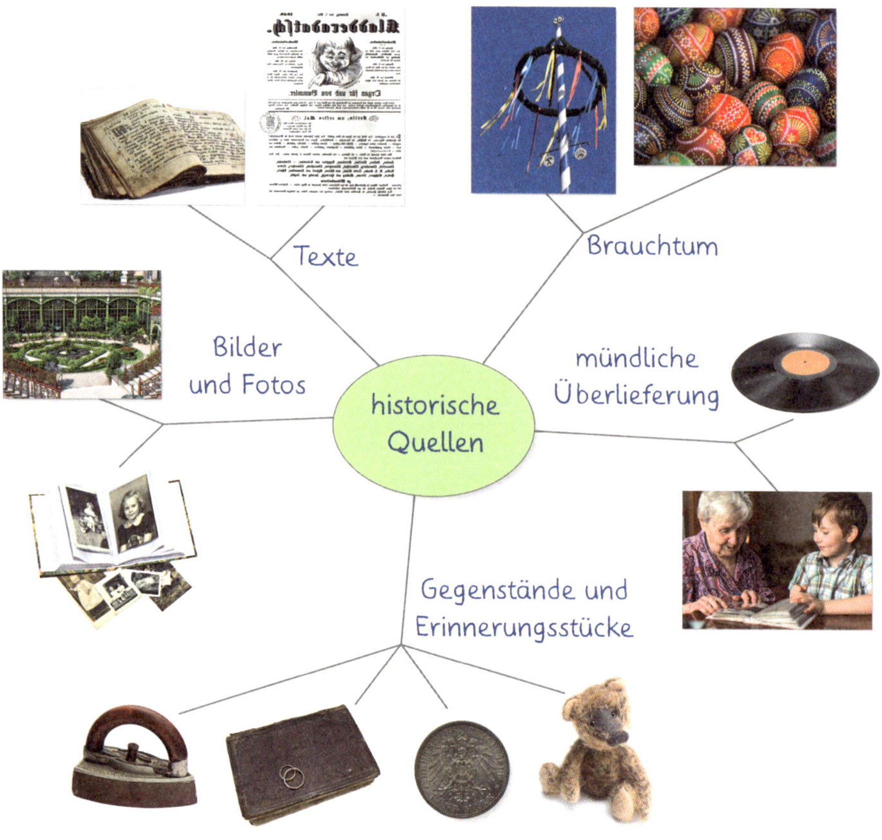

So kann ich aus Material Einblicke in das Leben der Menschen in der Vergangenheit gewinnen: alte Bücher, Zeitschriften, Briefe, Fotos, Filme, Gemälde …

2 Um eine Quelle zu erforschen,
stelle ich viele Fragen.
Ein Beispiel: Fragen zu einem Foto stellen.

Orangerie Schwerin

3 Nun schreibe ich alle meine Fragen auf:
Wie hieß die Fotografin oder der Fotograf?
Wo ist das Foto entstanden?
Warum wurde das Foto gemacht?
Was ist auf dem Foto zu sehen?
Was ist im Vordergrund, in der Mitte und im Hintergrund zu sehen?
Wie ist der Garten angelegt?
Hat er einen bestimmten Namen?
Warum gibt es so viele verzierte Fenster im unteren Gebäude?
Wohin führen die Treppen mit den verzierten Treppengeländern?

4 Ich sortiere meine Fragen.

Fragen, die sich auf das Entstehen des Fotos beziehen	Fragen, die sich auf den Inhalt des Bildes beziehen
Wie hieß die Fotografin oder der Fotograf?	Was ist im Vordergrund, in der Mitte und im Hintergrund zu sehen?
Wo ist das Foto entstanden?	Wie ist der Garten angelegt?
…	…

5 Ich forsche nach Antworten auf meine Fragen.
Ich frage meine Familie, lese in Büchern oder im Internet nach,
besuche selbst das Gebäude, frage Experten …

… Haushaltsgegenstände, Werkzeuge, Museumsstücke, … suchen, sammeln und erforschen; Zeitzeugen (Personen, die über eine bestimmte Zeit durch eigenes Erleben Auskunft geben können) befragen.

Eine stumme Karte gestalten

Ich möchte eine thematische Karte zum Thema „Bundesländer und ihre Hauptstädte“ erstellen.

1 Ich drucke mir eine passende stumme Karte aus dem Internet aus. Ich kann die Karte auch aus einem Atlas abzeichnen.

2 Ich schreibe das Thema als Überschrift auf die Karte.

3 Ich schreibe eine Legende.

4 Ich zeichne die Staatsgrenze Deutschlands ein. Dann umfahre ich die Grenzen der Bundesländer wie in der Legende gezeigt.

5 Um eine bessere Übersicht zu bekommen, male ich die abgebildeten Bundesländer auf der Karte farbig aus.

6 Ich kennzeichne die Lage jeder Hauptstadt und schreibe jeweils die Namen der Hauptstädte auf.

7 Ich gebe jedem Bundesland auf der Karte eine Nummer. Dann ergänze ich die Legende. Ich schreibe die Nummern und die Namen der Bundesländer auf.

8 Ich trage den Nordpfeil und den Maßstab ein.

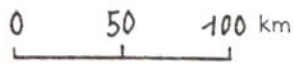

So kann ich mir die Inhalte von Karten besser merken und auf anderen Karten wiedererkennen: Bundesländer, Länder Europas, Kontinente und Meere ....

Bundesländer und ihre Hauptstädte

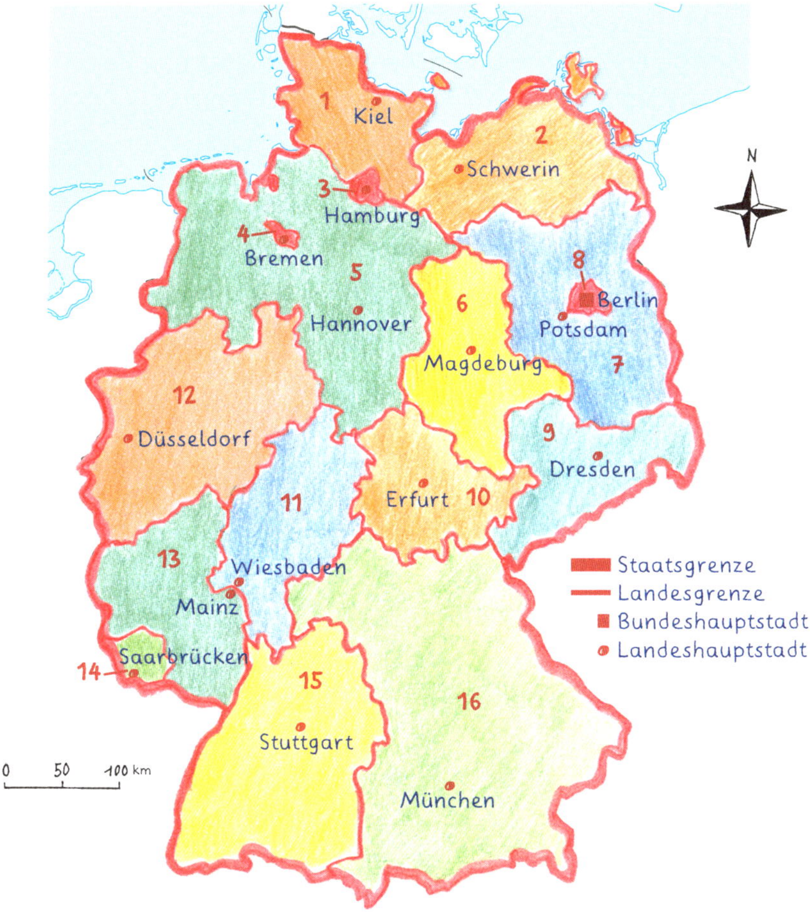

1 Schleswig-Holstein 2 Mecklenburg-Vorpommern 3 Hamburg
4 Bremen 5 Niedersachsen 6 Sachsen-Anhalt 7 Brandenburg
8 Berlin 9 Sachsen 10 Thüringen 11 Hessen 12 Nordrhein-Westfalen
13 Rheinland-Pfalz 14 Saarland 15 Baden-Württemberg 16 Bayern

So kann ich eine stumme Karte ausfüllen: Überschrift, Legendenzeichen, Maßstab, Nordpfeil, thematischer Inhalt, ... und die Karte nutzen: auswerten, zusammenhängend beschreiben, Inhalte erläutern ...

Eine Sachzeichnung anfertigen

Ich möchte eine Zeichnung anlegen, die wichtige Teile eines Gegenstandes oder Vorganges zeigt und damit eine Sache gut erklärt.

1 Ich wähle mir ein Thema für einen Vorgang aus, zum Beispiel:
Wo bleibt das Wasser, das wir zum Abwaschen von Geschirr genutzt haben?

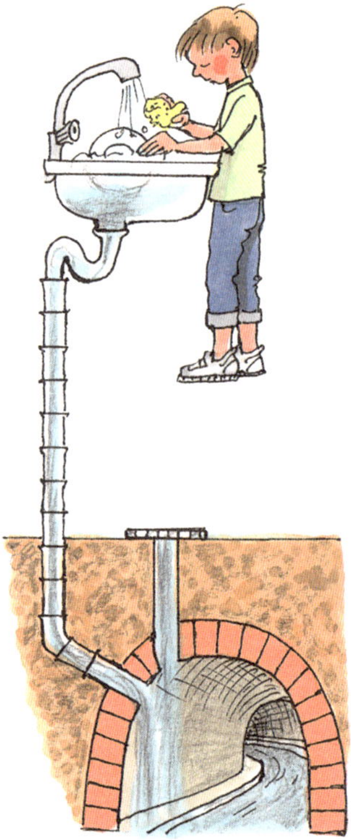

2 Ich überlege zuerst:
Wie gelangt das Wasser aus dem Haus?
Wohin führen die Rohre aus dem Haus?

3 Wenn ich es nicht weiß,
- frage ich Erwachsene.
- suche ich in Büchern oder im Internet nach Informationen.
- besuche ich mit der Klasse ein Klärwerk.

4 Ich finde im Internet Bilder, wie das Wasser zu einem Klärwerk gelangt und dort gereinigt wird.

5 Ich betrachte die verschiedenen Fotos und lese die Texte.

So kann ich einfache Schemata zeichnen und damit Texte besser verständlich machen: Trinkwassergewinnung, Abwasserabfluss, Wachsen und Gedeihen einer Pflanze im Jahreslauf, die Mondphasen, den Wasserkreislauf ...

6 Ich versuche, den Vorgang in einfacher Weise aufzuzeichnen.

- Im Klärwerk: „Vorklärung“.
  Am Rechen bleiben grobe Teile hängen.

- Im Klärwerk: „Belüftung“.
  Hier wird Sauerstoff eingeleitet und Bakterien zersetzen weitere Schmutzteilchen.

- Im Klärwerk: „Nachklärung“.
  Schlamm setzt sich ab.
  Das saubere Wasser gelangt in einen Fluss.

... Aufbau eines Säugetieres, Bau eines Baumes, Ernährung einer Pflanze ...

Einen Ordner anlegen

Ich möchte Material aus dem Sachunterricht
in einem Ordner sammeln und aufheben.

1 Ich besorge mir das Material:
- eine Mappe mit Gummi
- einen Ordner

2 Ich beschrifte meine Mappe und den Ordner mit dem Namen des Unterrichtsfaches und mit meinem Namen.

3 Zuerst nutze ich nur die Mappe.
Ich sammle alle Arbeitsblätter und Zeichnungen, lose Schreibseiten, aufgeklebte Bilder und Texte sowie ausgedruckte Materialien aus dem Internet, die ich für den Sachunterricht angefertigt habe.

4 Ist ein Thema abgeschlossen, fertige ich zum Thema ein Deckblatt an.

So kann ich meine Ausarbeitungen zum Sachunterricht übersichtlich ordnen:
nach inhaltlichen Themen wie „Im Herbst“, „Das tut mir gut“, „Frühling am Gewässer ...“;

5 Ich sortiere das Material zum Thema in eine passende Reihenfolge.

6 Dann nummeriere ich die Seiten und loche sie.

7 Anschließend hefte ich die Seiten im Ordner ab.

8 Material zu einem neuen Thema sammle ich wieder in der Einschlagmappe.

… nach Methoden wie Beobachtungen, Untersuchungen, Experimenten … ;
nach Projekten wie „Alles über mein Land“…

Ein Inhaltsverzeichnis anlegen

Ich möchte für einen Ordner ein Inhaltsverzeichnis anlegen.

1 Ich bereite das Verzeichnis vor:
- das Blatt lochen
- die Überschrift „Inhaltsverzeichnis“ aufschreiben und unterstreichen
- eine Tabelle mit zwei unterschiedlich breiten Spalten anlegen
- „Thema“ und „Seite“ eintragen

2 Nun kontrolliere ich, ob alle Seiten zu einem Thema (Kapitel) vorhanden sind und in passender Reihenfolge liegen.

3 Ich prüfe, ob auf jeder Seite die Seitenzahl steht.

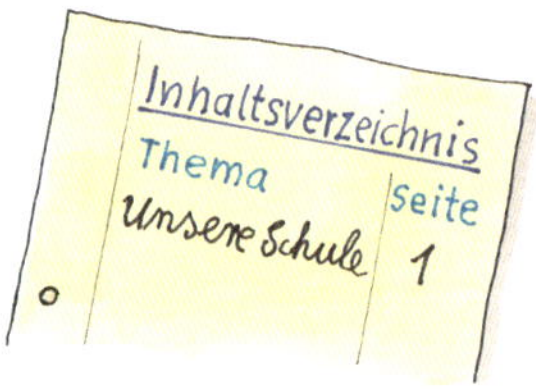

4 Jetzt trage ich das erste Kapitel ein.
Ich schreibe zum Beispiel:
Thema „Unsere Schule“; Seite „1“

5 So trage ich alle Themen und die Seitenzahl untereinander in das Inhaltsverzeichnis ein.

6 Zwischen den Kapitelangaben lasse ich eine Schreibzeile frei.

So kann ich ein Inhaltsverzeichnis anlegen, um einen Überblick zu einer Ausarbeitung zu bekommen und um Themen besser finden zu können: für Mappen, Portfolios, selbst verfasste Bücher, Handzettel ...